Rubie José Giordani

Criação racional de abelhas nativas sem ferrão

Meliponicultura

Revisão Ortográfica: Rubie José Giordani

Diagramação: Rubie José Giordani

Ilustrações: Rubie José Giordani

Capa: Rubie José Giordani

Dados Internacionais de Catalogação na Publicação (CIP)

Ficha catalográfica feita pelo autor

G497c Giordani, Rubie José, 1978 –

    Criação racional de abelhas nativas sem ferrão: meliponicultura / Rubie José Giordani. - 1. ed. - Amazon, 2021.

    162 p.: il. color.

    ISBN: 9798742844679

    1. Abelhas nativas sem ferrão. 2. Meliponicultura. 3. Mel. I.Título

    CDD: 333.72

Índices para catálogo sistemático:

1. Abelhas nativas sem ferrão. 2. Meliponicultura. 3.Mel.

AGRADECIMENTO

Agradeço a Deus pela energia vital me concedida.

Aos meus professores, obrigado pelos ensinamentos.

À minha filha Sarah, meu agradecimento por ter me acompanhado no *hobby* e me apoiado, bem como por compreender o tempo que lhe suprimi enquanto estive escrevendo esta obra.

SUMÁRIO

APRESENTAÇÃO 7

INTRODUÇÃO 10

1 DISTRIBUIÇÃO E ESPÉCIES DAS ABELHAS 11

2 ABELHAS NATIVAS SEM FERRÃO E SUA IMPORTÂNCIA NA POLINIZAÇÃO 18

3 VANTAGENS DAS ABELHAS NATIVAS SEM FERRÃO 21

4 ANATOMIA DAS ABELHAS NATIVAS 25

    4.1 CABEÇA 26

    4.2 TÓRAX 27

    4.3 ABDÔMEN 28

5 DIVISÃO DAS ABELHAS EM CASTAS 29

    5.1 OPERÁRIAS 29

    5.2 ZANGÕES 32

    5.3 RAINHA 35

6 CICLO DE VIDA DAS ABELHAS SEM FERRÃO 41

7 ESTRUTURA DAS COLMEIAS 46

    7.1 LOCAL DE NIDIFICAÇÃO DAS ABELHAS 48

    7.2 ENTRADA DAS COLMEIAS 55

8 LEGISLAÇÃO REFERENTE À MELIPONICULTURA 63

9 CAPTURA DOS ENXAMES 65

10 CONSTRUÇÃO DE CAIXAS RACIONAIS 78

11 TRANSFERÊNCIA DE COLMEIA DE ABELHAS SEM FERRÃO PARA CAIXA RACIONAL...**98**

12 PRODUÇÃO DAS ABELHAS SEM FERRÃO **110**

12.1 CERA 110

12.2 CERUME...112

12.3 PRÓPOLIS 114

12.4 INVÓLUCRO E CÉLULAS DE CRIA 117

12.5 POTES DE ALIMENTO 120

12.5.1 PÓLEN 120

12.5.2 MEL 121

12.5.2.1 COLHEITA DO MEL 128

12.5.2.2 PROPRIEDADES NUTRICIONAIS E TERAPÊUTICAS DO MEL DAS ABELHAS NATIVAS SEM FERRÃO 130

13 CONSTRUÇÃO, MANUTENÇÃO E CUIDADOS COM O MELIPONÁRIO 132

13.1 ALIMENTAÇÃO ARTIFICIAL 140

ANEXO 142

FONTES CONSULTADAS 147

SOBRE O AUTOR..151

OBRAS DO AUTOR 152

LISTA DE ILUSTRAÇÕES 156

APRESENTAÇÃO

Em janeiro de 2017, enquanto eu fazia um reparo em um muro de contenção, encontrei uma pequena colmeia de abelhas da espécie Mirim Droryana (*Plebeia droryana*).

A fragilidade das pequenas abelhas me fez parar o conserto no muro para construir uma caixa de madeira a fim de acomodar a colmeia.

Com muito cuidado, transferi a colmeia para a caixa de madeira e fui acompanhando a sua adaptação ao longo dos dias.

Figura 1: Transferência da primeira colmeia para uma caixa de madeira.

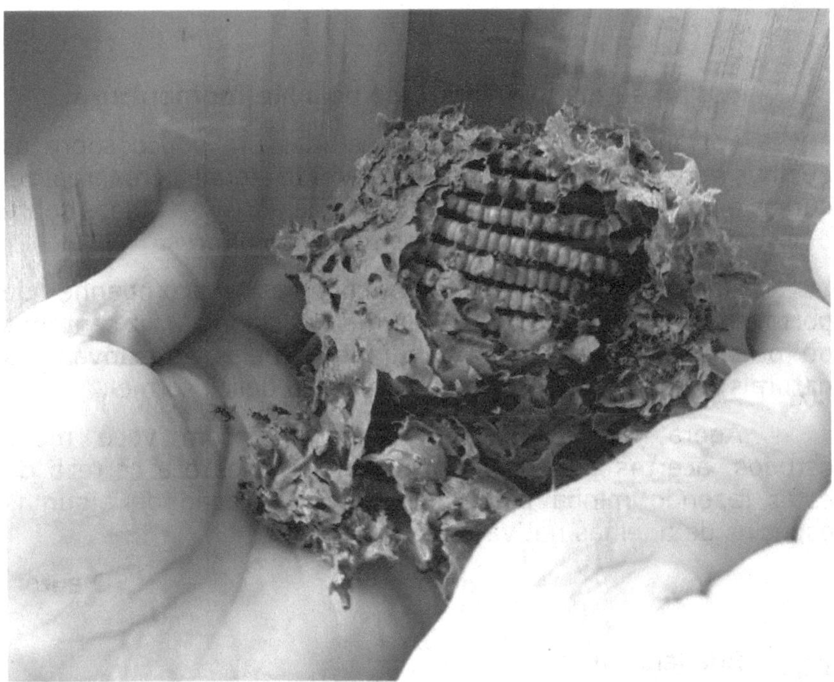

Fonte: O autor.

Figura 2: Caixa de madeira com a primeira colmeia transferida.

Fonte: O autor.

Assim, surgiu meu interesse pela **Meliponicultura**.

Foi então, que comecei a estudar um pouco sobre as abelhas nativas sem ferrão. Fiz a leitura de alguns livros, realizei cursos e participei de seminários, além de assistir a vídeos sobre o assunto e conversar com outros meliponicultures.

Aprendi como obter mais colmeias e acompanhei de perto o desenvolvimento de cada uma das colônias. Fiz centenas de fotos, acertei, errei, perdi algumas colmeias pelos invasores naturais, mas também pude saborear seu delicioso mel.

Agora, humildemente, compartilho com você meus estudos, acertos e erros, fotos, considerações e a certeza de estar fazendo minha parte para a preservação de algumas espécies de abelhas nativas sem ferrão.

O autor.

Boa leitura!

Se as abelhas desaparecerem da face da terra, a humanidade terá apenas mais quatro anos de existência.

Sem abelhas não há polinização, não há reprodução da flora, sem flora não há animais, sem animais não haverá raça humana.[1]

---

[1] Frequentemente a autoria desta frase é atribuída ao físico Albert Einstein, mas não existem evidências de que tenha sido ele quem a escreveu.

INTRODUÇÃO

A população mundial vem aumentando consideravelmente nas últimas décadas e por isso, a quantidade de alimento deve ser suficiente para a manutenção da vida.

Com o avanço exponencial das tecnologias surgem novas formas de otimizar e aumentar a produção de alimento, porém muitas vezes, certas práticas agroindustriais provocam a redução ou até mesmo a extinção de algumas espécies da fauna e as abelhas estão nesta lista.

Sendo assim, qualquer atividade humana que tem por objetivo preservar os recursos naturais é válida e plausível.

A Meliponicultura, criação racional de abelhas nativas sem ferrão, popularmente conhecidas como abelhas mirins, seja para fins comerciais ou como *hobby*, garante a preservação de parte das espécies de abelhas, imensamente responsáveis pela polinização das plantas e consequente aumento da produção de alimento para o ser humano.

Neste sentido, o livro apresenta a importância das abelhas nativas sem ferrão na natureza e as vantagens da Meliponicultura. Apresenta a anatomia das abelhas, sua divisão em castas, ciclo de vida e nidificação. Cita a legislação referente à Meliponicultura e indica as maneiras ecologicamente corretas de obtenção de colônias para iniciar a criação das abelhas em caixas racionais.

A obra também mostra a produção das incansáveis abelhas e evidencia as propriedades nutricionais e terapêuticas do mel nativo.

Por fim, dá dicas de como construir e manejar um meliponário, bem como os cuidados necessários para obter sucesso no início da atividade, seja para fins comerciais ou como *hobby*.

1 DISTRIBUIÇÃO E ESPÉCIES DAS ABELHAS

Atualmente, depois de 100 milhões de anos de evolução, as abelhas com ou sem ferrão, somam mais de 20.000 espécies no mundo, sendo que só no Brasil há 3.000.

Em relação às abelhas sem ferrão, no mundo há mais de 400 espécies, sendo que só no Brasil há em torno de 300.

Figura 3: Distribuição das abelhas no mundo.

Fonte: O autor, adaptado de IX Seminário Regional de Meliponicultura em Lajeado/RS.

Segundo Pereira (2010), a distribuição das abelhas nativas sem ferrão ocorre pela América do Sul, América Central, Ásia, Ilhas do Pacífico, Austrália, Nova Guiné e África, sendo que no continente americano elas são mais abrangentes nas florestas tropicais.

Conforme Oliveira et al. (2013), a distribuição das abelhas nativas sem ferrão ocorre nas regiões tropicais e subtropicais do Planeta.

Figura 4: Distribuição geográfica das abelhas nativas sem ferrão nas regiões tropicais e subtropicais do mundo.

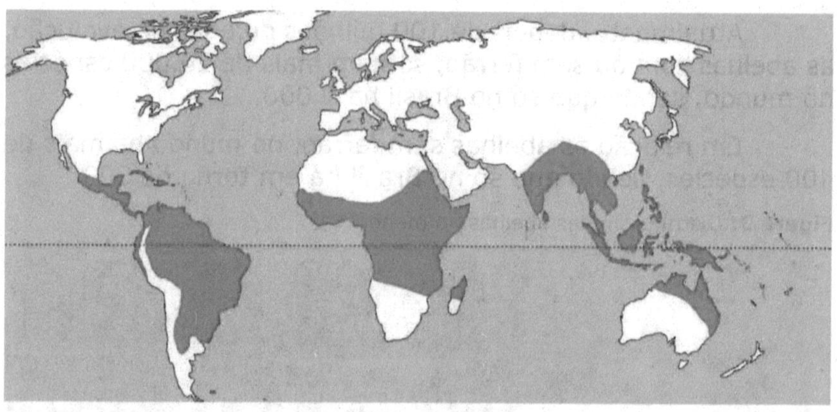

Fonte: Adaptado de Guia Ilustrado das Abelhas "Sem-Ferrão" das Reservas Amanã e Mamirauá, Amazonas, Brasil (Hymenoptera, Apidae, Meliponini), p. 14.

Nesta vastidão florestal do mundo, e devido ao total de mais de duas dezenas de milhares de espécies, existem aquelas que vivem de forma independente e existem espécies que vivem em sociedade.

As que vivem de forma independente são chamadas de abelhas solitárias e são a maioria, representando aproximadamente 85% das espécies, por incrível que pareça!

São espécies de abelhas em que cada uma coleta seu próprio alimento, constrói seu ninho, oviposita sem a ajuda de outras abelhas e morre depois de cumpridas todas as tarefas de seu ciclo de vida, não havendo sobreposição de gerações.

Naturalmente, as abelhas solitárias constroem suas colmeias em pequenas cavidades de árvores vivas ou mortas ou em cupinzeiros. Consiste basicamente em uma entrada e poucos células de cria. Na cavidade depositam seus ovos, juntamente com o alimento suficiente para alimentar as larvas até seu desenvolvimento completo.

Artificialmente, pode-se construir um ambiente para que as abelhas solitárias construam seus ninhos. Este ambiente é chamado hotel de abelhas e consiste em diversos furos em pedaços de madeira, semelhante ao desta imagem.

Figura 5: Hotel para abelhas solitárias.

Fonte: O autor, adaptado de Expodireto Não-Me-Toque/RS.

Existem espécies de abelhas que são chamadas cleptoparasitas, ou seja, entram no ninho de outras abelhas e depositam seus ovos junto com os ovos da hospedeira e elas representam mais ou menos 10% das espécies.

No entanto, há centenas de espécies de abelhas sociais, com ou sem ferrão, que vivem em comunidades, porém, representam somente 5% das espécies!

E é neste ínfimo percentual de abelhas sociais que se encontram as espécies usadas na Apicultura[2] e na Meliponicultura[3].

Naturalmente, estas abelhas constroem suas colmeias em cavidades ocas de troncos de árvores ou outros espaços vazios, como em cupinzeiros abandonados, espaços vazios em barrancos ou entre pedras ou em mourões de cercas.

Figura 6: Ninho de Jataí (*Tetragonisca angustula*) em tronco oco de Cerejeira.

Fonte: O autor.

---

[2] Apicultura: Criação de abelhas com ferrão. Abelhas africanizadas *Apis mellifera*.
[3] Meliponicultura: Criação de abelhas sem ferrão (ferrão atrofiado).

As abelhas sociais organizam suas colmeias de modo que haja muitas células de cria unidas umas às outras, no interior de um invólucro de cera, rodeado de potes de alimentos (mel e pólen).

As células de cria possuem o formato de discos horizontais dispostos um sobre o outro, separados por espaços suficientes para a circulação das abelhas.

Figura 7: Estrutura natural de uma colmeia de abelhas nativas sem ferrão em tronco oco de árvore.

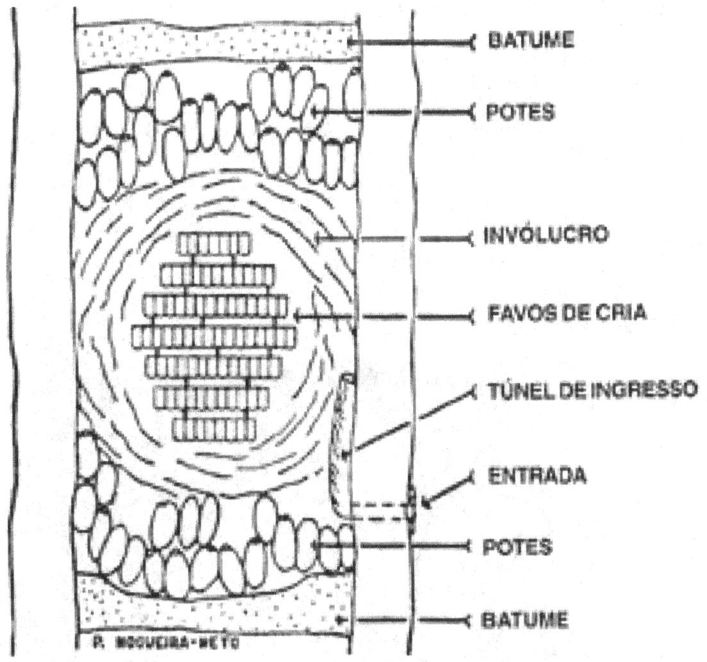

Fonte: Adaptado de Paulo Nogueira Neto, p. 47.

Na grande maioria das colmeias há somente uma abelha rainha, muito maior do que as outras e é a responsável pela postura de ovos e pela manutenção da ordem social da colônia.

Há algumas dezenas de zangões, responsáveis pela fecundação da abelha rainha virgem e centenas ou milhares de abelhas operárias, responsáveis por todo o trabalho, ou seja, construção e limpeza do ninho, defesa contra predadores, coleta de néctar, pólen e produção do mel.

As abelhas sociais formam colônias e vivem em colmeias, com centenas ou milhares de indivíduos, em que a divisão das tarefas se dá em perfeita harmonia e sem "reclamações".

Artificialmente, pode-se disponibilizar caixas de madeira, chamadas caixas racionais, para que as abelhas nativas sem ferrão construam suas colmeias de maneira semelhante à forma como constroem suas colmeias em seu ambiente natural.

Figura 8: Caixa racional fixada em muro com uma colmeia de Jataí (*Tetragonisca angustula*) em seu interior.

Fonte: O autor.

Figura 9: Ninho de Jataí (*Tetragonisca angustula*) construído dentro de caixa racional com células de cria, invólucro de cera e potes de alimentos.

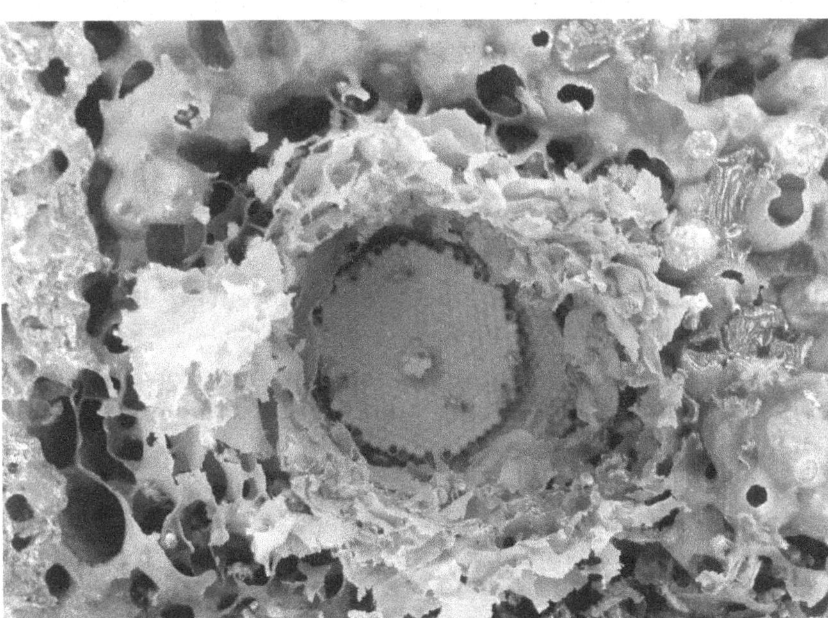

Fonte: O autor.

A organização das colmeias é tão perfeita que, embora estejam em grande número, cada abelha sabe, intuitivamente, qual é sua função e isso é o que garante a sobrevivência da colônia por dezenas de anos.

Não é exagero dizer que as abelhas são um símbolo de organização e trabalho em equipe, em que todas possuem um objetivo maior em comum: a sobrevivência mútua.

2 ABELHAS NATIVAS SEM FERRÃO E SUA IMPORTÂNCIA NA POLINIZAÇÃO

Popularmente as abelhas nativas sem ferrão são conhecidas pela própria expressão: abelhas sem ferrão. Mas, também são conhecidas como abelhas mirins.

Na verdade, elas possuem ferrão, porém atrofiado, o que as impossibilita de usá-lo como arma de defesa.

Em relação à polinização, esta pode ocorrer por fatores abióticos (vento ou água), por fatores bióticos (animais) ou pelo conjunto dos dois fatores.

No grupo dos animais, as abelhas não são os únicos insetos polinizadores, mas desempenham um papel muito importante nesta tarefa, junto às borboletas, formigas e morcegos.

No caso das abelhas, quando pousam nas flores para coletar alimento, alguns grãos de pólen, parte masculina da flor, ficam presos nos pelos das pernas. Ao se movimentarem, o pólen é levado ao estigma, parte feminina da flor, que pode ser da mesma flor ou de outras flores da mesma espécie. Esta transferência de pólen de um lugar para outro promove a fecundação e o início da formação dos frutos.

Graças a este trabalho incansável das pequenas abelhas, que vão de flor em flor, a reprodução cruzada acontece.

Além de possibilitar a reprodução das plantas, esta atividade contribui para o aumento da produção de alimentos, gerando frutos maiores e de melhor qualidade. Desta forma, vai garantindo a biodiversidade vegetal.

A prática racional de criação de abelhas nativas sem ferrão pode ser junto à vegetação natural, nos plantios de árvores para corte, nas lavouras e nos pomares. Assim, elas vão se somando à sua existência natural.

No entanto, ultimamente, devido à grande quantidade de agrotóxicos lançados nas plantações, desmatamentos e queimadas, muitas espécies de abelhas estão sofrendo redução de população e isso atrapalha em muito a polinização das plantas, causando prejuízos ecológicos e financeiros consideráveis.

As abelhas, da mesma forma que os outros insetos, possuem seu habitat natural, mas a criação racional de abelhas nativas sem ferrão contribui muito para manutenção das espécies.

A criação de abelhas nativas sem ferrão não é uma atividade recente. Os indígenas foram os primeiros a explorar racionalmente (ou de forma predatória) determinadas espécies de abelhas chegando a considerar a espécie Jataí (*Tetragonisca angustula*) como sendo sagrada.

Devido ao pioneirismo dos índios no manejo das abelhas nativas, também se pode nomeá-las como abelhas indígenas e assim, continuar a chamá-las pelos nomes de batismo dos próprios índios, tais como: Jataí, Manduri, Tiúba, Uruçu, Jandaira, Irapuá, Gurupú, Tataíra entre outras.

O manejo racional de abelhas nativas sem ferrão, também conhecido como Meliponicultura, veio se desenvolvendo muito antes da exploração comercial da cana-de-açúcar. Segundo VILLAS-BÔAS (2012):

> O conhecimento sobre as abelhas sem ferrão e a Meliponicultura nas Américas é muito antigo quando comparado com as atividades envolvendo, nesse continente, as abelhas Apis mellifera (popularmente conhecidas como européias, italianas ou africanas). Há muito tempo, povos indígenas de diversos territórios se relacionam com os meliponíneos de muitas formas, seja estudando-os, criando-os de forma rústica ou explorando-os de forma predatória. Antes da chegada da abelha Apis mellifera no continente americano, ou da exploração da cana para fabricação de açúcar, o mel das abelhas nativas caracterizava-se como principal adoçante natural, fonte de energia indispensável em longas caçadas e caminhadas que esses povos realizavam na busca por alimento. (VILLAS-BÔAS, 2012, p. 13).

Neste sentido, muitas pesquisas foram desenvolvidas para que a exploração racional e comercial do mel das abelhas nativas sem ferrão seja da forma mais benéfica para a natureza, contribuindo não só como fonte de renda extra, como também para mais estudos científicos e a preservação das espécies.

Devido ao valor cultural e suas propriedades medicinais e terapêuticas, não há dúvidas de que o mel das abelhas nativas sem ferrão seja aceito pelas pessoas que desejam adquirir e consumir um produto orgânico.

Mas, o mel das abelhas, embora o principal, não é o único produto a ser comercializado, pois as incansáveis e minúsculas operárias produzem também o geoprópolis, o pólen e a cera, que apresentam grande potencial de comercialização.

Desta forma, as pessoas adeptas da Meliponicultura, com pouco trabalho, podem dispor produtos à venda, principalmente em feiras de comércio de produtos orgânicos.

A Meliponicultura também pode ser praticada em áreas urbanas como *hobby* e nas escolas para estudos e conscientização ecológica, como diz ALONSO (2010):

> Como as espécies são dóceis, não é necessário o uso de roupas e equipamentos de proteção para lidar com elas. Outra vantagem é que a atividade pode ser realizada até em áreas urbanas, como o quintal de uma residência, convivendo com pessoas e animais domésticos, desde que haja vegetação nas vizinhanças. (ALONSO, 2010, p. 103).

Sendo assim, para obter sucesso na Meliponicultura, é necessário possuir alguns conhecimentos básicos sobre as abelhas que serão manejadas, como vivem, suas necessidades e cuidados em geral.

Assim, a proposta deste livro é apresentar alguns conceitos básicos para o início da atividade, seja ela como *hobby*, atividade profissional ou para estudos.

3 VANTAGENS DAS ABELHAS NATIVAS SEM FERRÃO

A grande vantagem do manejo das abelhas nativas sem ferrão é que na sua maioria são abelhas dóceis, principalmente as espécies de ocorrência na área urbana.

Uma das espécies que se adaptou bem à área urbana é a abelha Jataí (*Tetragonisca angustula*).

É uma abelha rústica, constrói suas colmeias em diversos locais e é muito eficiente na produção de mel. Possui cor amarelo-ouro, olhos esverdeados, não possui ferrão e seu tamanho gira em torno de 4 mm.

Seu mel é suave e bastante procurado devido às suas propriedades medicinais, podendo ser comercializado por valores muito mais altos que o valor do mel das abelhas com ferrão.

Sua incidência possui ampla distribuição geográfica e é uma abelha de fácil aclimatação, como diz NOGUEIRA-NETO (1997):

> A meu ver há um campo promissor para aclimatar Meliponíneos em várias partes do mundo. Dessas abelhas, a que mais poderia interessar aos países receptores seria a JATAÍ (*Tetragonisca angustula*), não somente por ser adaptada para visitar muitas flores, mas também por ser muito rústica, produzir um mel excelente e ser a abelha mais limpa (higiênica) de todas as que conheço. Nas Américas, a JATAÍ poderia ser introduzida no Sul da Flórida, em Cuba e nas demais ilhas do Caribe, bem como no Uruguai e no Delta do Rio Paraná, na Argentina. As ilhas tropicais do Pacífico seriam locais ideais para essa abelha. Na Europa, o Sul de Portugal, a costa da Calábria e principalmente o litoral da Sicília, que percorri em grande parte, são lugares potencialmente favoráveis a vários Meliponíneos do Sul da Federação Brasileira. Além disso, partes da

> África, Austrália Norte e Noroeste, Índia exceto áreas semi áridas ou desérticas e regiões frias, bem como Ceilão, Madagascar nas suas áreas tropicais úmidas e o Sudeste da Ásia, poderiam também ser habitadas pela JATAÍ. Diga-se de passagem que a experiência de aclimatação nos USA mostrou que os Meliponíneos, com poucas exceções, não se adaptam bem a regiões secas ou frias. Áreas desse tipo ocorrem em todas essas grandes regiões, mas nas mesmas também existem territórios úmidos, tropicais ou subtropicais, que poderiam receber bem a JATAÍ. Contudo, em qualquer introdução de animais ou plantas, há o risco de eliminar espécies nativas com igual nicho ecológico. Mas não é provável que isso ocorra com a JATAÍ, pois ela parece ter um nicho ecológico muito peculiar e convive bem nas Américas, com muitos Meliponíneos e com abelhas de outros grupos. Ela está bem adaptada, inclusive nas grandes cidades como São Paulo, onde há poucas abelhas nativas. Vive, também, em lugares onde há muitas outras abelhas nativas e muitas colônias de *Apis mellifera*, como o Sudeste da Federação Brasileira. (NOGUEIRA-NETO, 1997, p. 39).

Sua mansidão permite seu manejo próximo a residências, tanto para fins comerciais como para *hobby*.

Neste sentido, não há necessidade de equipamentos de proteção individual e seu caráter inofensivo permite até que crianças se aproximem das caixas das abelhas.

Além das caixas racionais em formato de prisma podem-se utilizar caixas racionais decorativas a fim de embelezar o ambiente residencial, como por exemplo as do modelo das imagens das figuras 11 e 12.

Figura 10: Caixas racionais afixadas no muro da casa do autor em que ele e sua filha observam a atividade das abelhas sem ferrão.

Fonte: O autor.

Figura 11: Caixas racionais decorativas na varanda de uma residência.

Fonte: O autor.

Figura 12: Caixa racional decorativa.

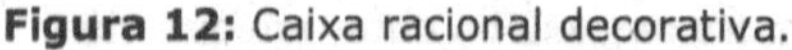

Fonte: O autor.

4 ANATOMIA DAS ABELHAS NATIVAS

Embora um pouco diferentes umas das outras em função das espécies, as abelhas são constituídas por três partes básicas: a **cabeça**, o **tórax** e o **abdômen**.

Figura 13: Principais partes de uma operária de abelha sem ferrão

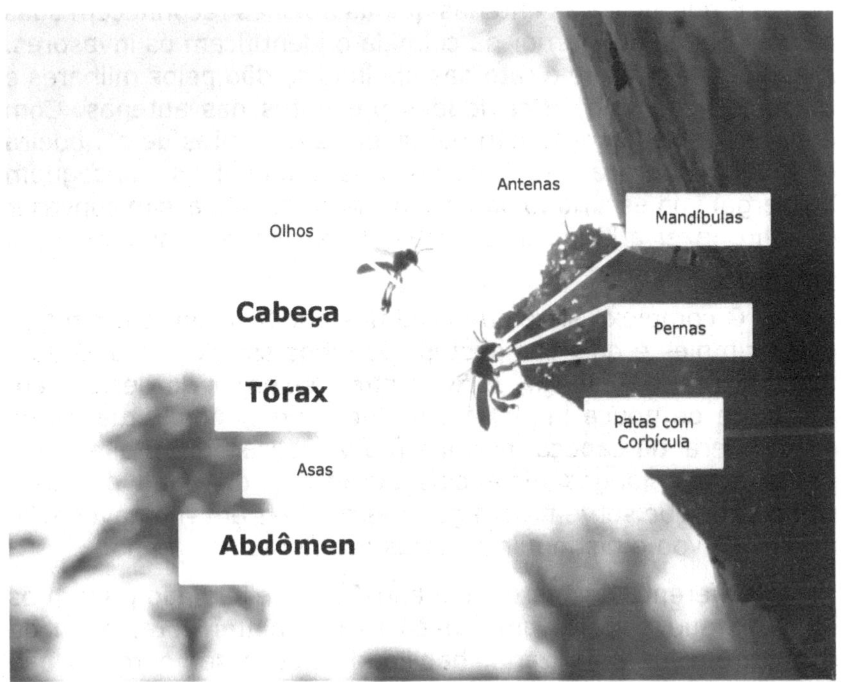

Fonte: O autor.

4.1 CABEÇA

Na **cabeça** está localizado o sistema sensorial, o visual e o bucal.

Em sua parte interna, está o cérebro, ligado ao restante do corpo pelo sistema de nervos. Em sua parte externa, está localizado o sistema sensorial que é composto por duas antenas, que no caso das abelhas operárias servem para captar os odores das floradas e no caso dos zangões servem para captar os odores das rainhas virgens.

É por meio das antenas que as abelhas reconhecem suas companheiras no interior da colmeia e identificam os invasores. A audição, o olfato e o tato das abelhas se dão pelos milhares e microscópicos pelos e cavidades presentes nas antenas. Com elas as abelhas conseguem perceber as correntes de ar, poeira e chuva. É graças às antenas que as abelhas conseguem "enxergar" na escuridão do interior da colmeia e assim construir o ninho, fazer a limpeza do ambiente e alimentar as larvas e a rainha.

O complexo sistema visual das abelhas consiste em três olhos simples e dois compostos. Os olhos simples, situados na parte frontal da cabeça, servem para enxergar de perto e em ambiente de pouca luz. Os dois olhos compostos, situados na parte lateral da cabeça, permitem a visualização em diferentes direções e a longas distâncias durante o dia. São os olhos compostos que servem para guiar as abelhas em sua navegação durante o voo e distinguir as cores das flores no campo.

Diferente dos seres humanos, as abelhas não piscam os olhos, o que permite uma visão fixa e ininterrupta, além de detectarem luz polarizada, habilidade que o ser humano não tem.

O sistema bucal, em sua parte externa, é composto por duas mandíbulas e pela língua. As mandíbulas são estruturas fortes e são utilizadas para a maior parte das tarefas das abelhas, desde a manipulação da cera, própolis e mel até a alimentação das larvas e rainha, limpeza e retirada de abelhas mortas do ninho e defesa contra predadores. A língua é uma estrutura flexível, coberta de pelos, principalmente na ponta, e utilizada na coleta e transferência de alimento, bem como a desidratação do néctar e evaporação da água da colmeia.

Na parte interna da cabeça encontram-se também as glândulas salivares que processam o alimento e glândulas que secretam duas enzimas chamadas invertase e glicose oxidase. Há também glândulas hipofaringeanas que transformam o "mel comum" em geleia real e as glândulas mandibulares que também auxiliam na produção de geleia real, liberação de feromônio de alarme e dissolução da cera.

4.2 TÓRAX

O **tórax** das abelhas, coberto de minúsculos pelos, é onde estão localizados três pares de pernas, também cobertas de minúsculos pelos, e dois pares de asas.

A movimentação destes apêndices se dá pelos poderosos músculos torácicos situados nesta parte do corpo.

As pernas das abelhas, além de servirem para a locomoção, possuem algumas funções específicas: o primeiro par de pernas serve para limpar as mandíbulas, a língua, os olhos e as antenas.

O segundo par de pernas serve para a limpeza das asas e a retirada do pólen acumulado no terceiro par de pernas.

E é neste terceiro par de pernas onde se encontram as corbículas, que são estruturas semelhantes a pequenos cestos, com uma minúscula concavidade que serve para carregar pólen, resinas, fibras e barro.

Os dois pares de asas são formados por estruturas membranosas e batem a quase 200 vezes por segundo, impulsionando as incansáveis trabalhadoras a até 25 km/h.

4.3 ABDÔMEN

No **abdômen** das abelhas estão alojados o aparelho digestivo, circulatório, respiratório, reprodutor, excretor e as glândulas secretoras de cera. No caso das abelhas com ferrão, é também no abdômen que está localizado o sistema de defesa, no caso o ferrão.

No aparelho digestivo, as abelhas contam com uma espécie de bolsa, vesícula melífera, responsável pelo armazenamento do néctar coletado nas dezenas ou centenas de flores que ela visita durante seu voo.

Ao retornar à colmeia, as abelhas regurgitam o néctar para que outras abelhas operárias continuem o processo de engolir e regurgitar este néctar até a formação completa e final do mel. Este processo repetitivo, que vai passando de abelha para abelha, garante a evaporação da água até que o néctar, misturado às enzimas produzidas pelas glândulas presentes na cabeça, se transforme, definitivamente, em mel.

No abdômen, na parte inferior, é onde estão localizadas quatro glândulas produtoras de cera, que se solidifica em pequenas escamas em contato com o ar. Estas finas camadas solidificadas de cera secretadas são retiradas e manipuladas pelas pernas e mandíbulas para a construção dos favos de cria, invólucro do ninho e potes de armazenamento do alimento.

5 DIVISÃO DAS ABELHAS EM CASTAS

Nesta sociedade de abelhas, em que há centenas ou milhares de indivíduos, cada uma se encaixa em um grupo, chamado casta.

A junção das castas forma a colônia, que é composta por centenas ou milhares de **operárias**, alguns **zangões** e somente uma **rainha**.

5.1 OPERÁRIAS

As **operárias** são em maior número, na ordem dos milhares. São abelhas estéreis, sendo elas responsáveis pela construção de toda a estrutura complexa do ninho, desde a produção de cera, para construir o invólucro que contém os favos de cria, os potes de alimento (de pólen e de mel), até a coleta de resinas vegetais, água, néctar, pólen, própolis e produção de mel, alimentação das larvas e rainha, limpeza, defesa e manutenção da temperatura da colmeia.

Na imagem a seguir, pode-se ver os favos de cria construído pelas operárias. Notam-se células de cria fechadas e outras ainda abertas, sendo preenchidas com o alimento para que em seguida a rainha deposite o ovo para então serem fechadas como as demais.

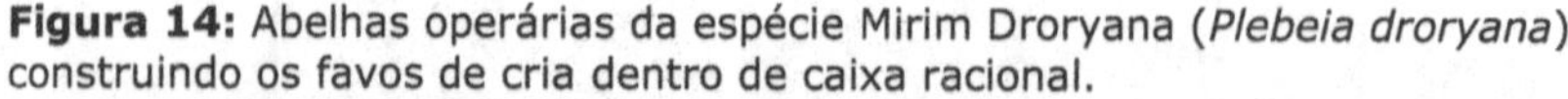

Figura 14: Abelhas operárias da espécie Mirim Droryana (*Plebeia droryana*) construindo os favos de cria dentro de caixa racional.

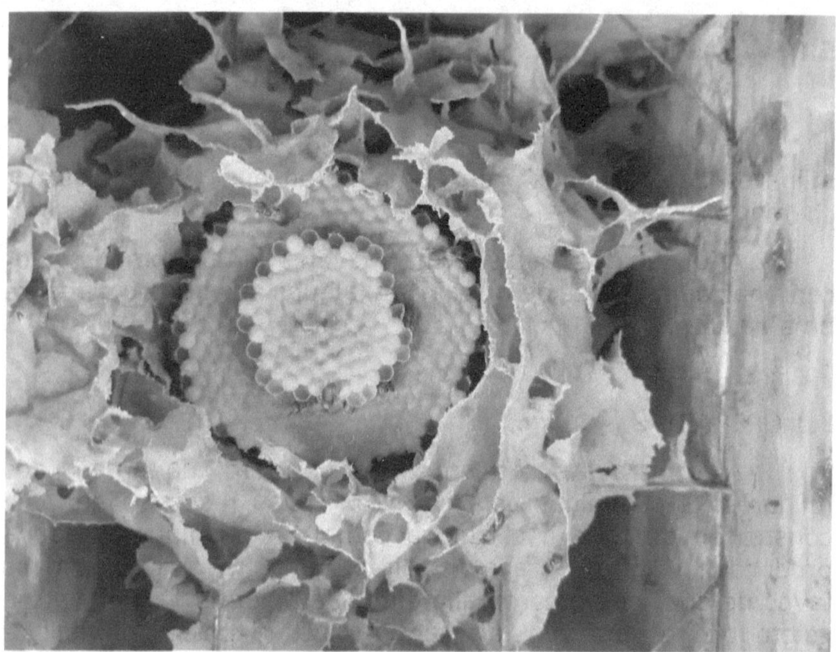

Fonte: O autor.

Além de produzir e estocar alimento para elas mesmas, as abelhas operárias também são responsáveis pela alimentação da rainha e dos zangões, bem como pela proteção da entrada do ninho a fim de evitar a invasão de predadores.

Nestas imagens, podem-se ver as abelhas protegendo a entrada das colmeias. Este comportamento é o mesmo, seja na mata nativa, em muros de alvenaria na área urbana ou em caixas racionais.

Figura 15: Abelhas Jataí (*Tetragonisca angustula*) protegendo a entrada do ninho construído na parte oca de uma árvore na mata nativa.

Fonte: O autor.

Figura 16: Abelhas Jataí (*Tetragonisca angustula*) protegendo a entrada do ninho construído na parte oca de um muro na área urbana.

Fonte: O autor.

Figura 17: Abelhas Jataí (*Tetragonisca angustula*) protegendo a entrada do ninho construído dentro de uma caixa racional.

Fonte: O autor.

5.2 ZANGÕES

Os **zangãos** são os insetos machos da colônia e sua única função é a fecundação da rainha virgem durante o voo nupcial.

Após a fecundação da rainha virgem os zangões morrem devido ao fato de seu órgão reprodutor ficar preso à rainha.

Aqueles zangões que não conseguiram copular com a rainha ficam voando ao redor da colmeia (Figura 18) ou ficam sobre o caule, galhos e folhas próximas ao ninho (Figura 19).

Figura 18: Centenas de zangões de Jataí (*Tetragonisca angustula*) voando ao redor do ninho com a rainha recém fecundada.

Fonte: O autor.

Figura 19: Centenas de zangões de Jataí (*Tetragonisca angustula*) nas folhas da árvore com o ninho-isca com a rainha recém fecundada.

Fonte: O autor.

Nesta imagem, pode-se ver com mais clareza como ficou as proximidades do ninho-isca[4] no dia em que a rainha foi fecundada e a nova colmeia estava sendo construída.

Figura 20: Inúmeros zangões próximos ao ninho-isca no dia da fecundação da rainha.

Fonte: O autor.

Observando com mais atenção (ao vivo, pois na foto é mais difícil), pode-se notar que os zangões são levemente maiores que as operárias, porém em quantidade bem inferior, na ordem de dezenas ou centenas, dependendo do tamanho da colônia.

---

[4] A captura deste novo enxame, por meio do ninho-isca, se deu a não mais do que 10 metros do meliponário instalado na residência do autor.

Os zangões que não copularam com a rainha entram na colmeia, se alimentam de mel e pólen, mas na medida do possível, são expulsos devido ao racionamento de alimento, já que depois de fecundarem a rainha não apresentam mais utilidade na colônia, uma vez que são abelhas que não produzem mel (e não ajudam em nada!).

5.3 RAINHA

A abelha **rainha** é a maior da colmeia. É muito fácil reconhecê-la. Ela pode ter mais do que o dobro do comprimento das abelhas operárias.

Figura 21: Comparação entre o tamanho da abelha rainha em relação à abelha operária na colmeia de Mirim Droryana (*Plebeia droryana*).

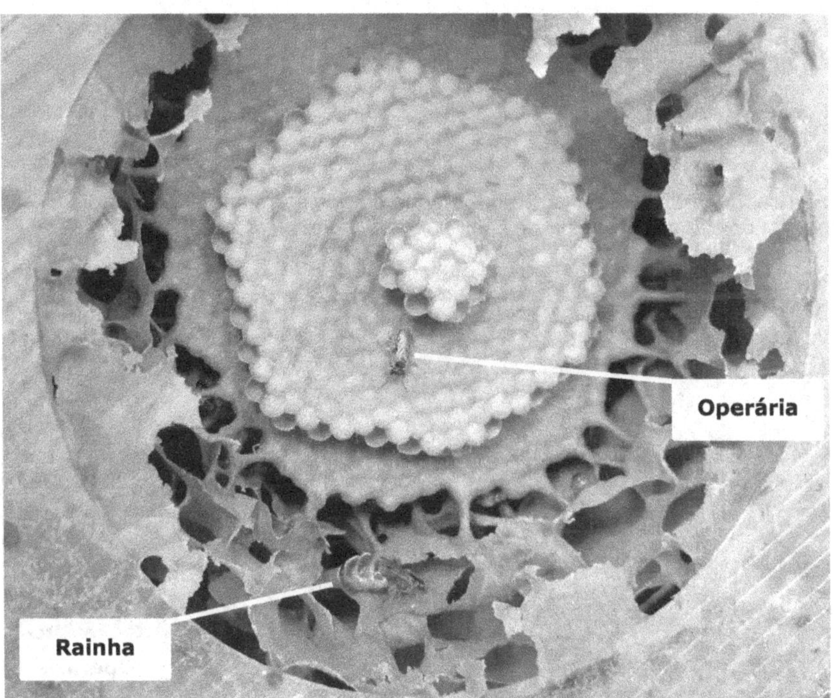

Fonte: O autor.

Figura 22: Comparação entre o tamanho da abelha rainha em relação à abelha operária na colmeia de Jataí (*Tetragonisca angustula*).

Fonte: O autor.

Figura 23: Comparação entre o tamanho da abelha rainha em relação à abelha operária na colmeia de Guaraipo (*Melipona bicolor*).

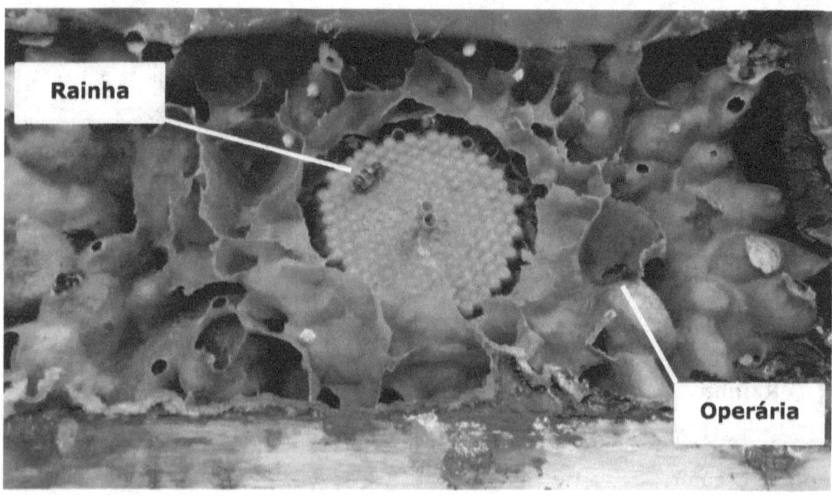

Fonte: O autor.

Figura 24: Comparação entre o tamanho da abelha rainha em relação à abelha operária na colmeia de Mirim-Guaçu (*Plebeia remota*).

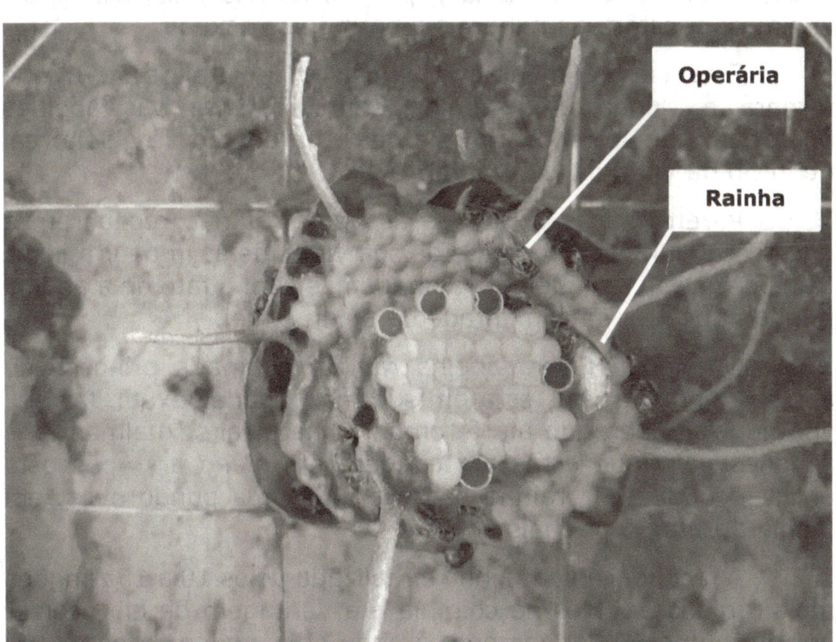

Fonte: O autor.

A abelha rainha, também conhecida como abelha mestra, é a única abelha fêmea apta para reprodução. Sua principal função é a manutenção da vida da colônia, pondo ovos, que se transformarão em novas operárias, zangões e novas rainhas virgens, que formarão novas colônias na época da primavera.

A formação de uma abelha rainha se dá a partir de um ovo que seria uma abelha operária normal. A diferença é que ela é alimentada, desde sua fase larval, com geleia real. Um líquido branco, também conhecido como "leite de abelha", que é produzido por glândulas especiais situadas na cabeça das abelhas operárias.

A geleia real é composta em mais de sua metade por água, mas é rica em proteínas, lipídeos, carboidratos, vitaminas, enzimas, substâncias minerais e hormônios sexuais.

Esta superalimentação, exclusiva e vitalícia, é o que tornará a rainha uma abelha bem diferente das abelhas operárias, que só recebem uma pequena porção de geleia real no início da vida, na fase larval.

Porém, não é o fato de as operárias não receberem a geleia real durante o restante de sua vida que as impedirá de se transformarem em abelhas rainhas, mas sim, o fato de a abelha rainha nunca ter se alimentado de pólen e mel.

Quando a futura abelha rainha, chamada princesa ou abelha rainha virgem, está em sua maturidade sexual, faz seu voo nupcial, liberando um feromônio que atrai sexualmente os zangões para que estes a fecundem em pleno ar. Após esta única fecundação a rainha passa a vida toda pondo ovos, em média durante 5 ou mais anos.

A fecundação da rainha é realizada pelos 10 a 15 zangões mais rápidos e fortes da colmeia e a vantagem de ela ocorrer por um número relativamente grande de zangões garante uma diversidade genética que, consequentemente, torna a colônia mais forte.

O sêmen de todos estes zangões fica armazenado em um reservatório chamado espermateca e será utilizado durante toda a vida da rainha, uma vez que ela não sairá mais da colmeia para realizar mais voos nupciais.

Além da produção de ovos, outra função importante da rainha é a dominação da colônia, que se dá a partir da exalação de hormônios específicos.

Estes hormônios chamados feromônios são uma substância secretada para fins de excitação e estímulo. Serve para indicar que há uma rainha na colmeia, inibindo a produção de novas rainhas, inibindo a enxameagem fora de época e a postura de ovos pelas operárias. Embora, em condições específicas, as operárias possam pôr ovos, estes não darão origem a novas abelhas, pois a única fêmea capaz de pôr ovos fecundados é a rainha.

Este hormônio serve também para o reconhecimento da colmeia por todas as abelhas, bem como sua orientação. Serve também para a manutenção da ordem social da colônia, garantindo a agregação das abelhas e alerta de perigo quando um predador está em ataque.

É também através da liberação de feromônio que a rainha "manda" as operárias aumentar o tamanho do ninho, construírem mais células de cria, buscar alimento, fazer a limpeza do ambiente, manter a temperatura da colmeia, produzir novas abelhas rainhas virgens para enxamearem, reconhecimento dos membros da colmeia e identificação de predadores.

Quando a rainha percebe movimentos estranhos na colmeia procura uma maneira de se esconder e logo libera feromônios avisando as operárias sobre o possível ataque de invasores. Neste momento as operárias se agitam mais, fazem mais barulho e se tornam mais agressivas, dando leves mordidas e voando perto do rosto, olhos, orelhas e cabelos das pessoas que estiverem mexendo na colmeia.

Figura 25: Abelha rainha da espécie Jataí (*Tetragonisca angustula*) se escondendo ao perceber a abertura da caixa racional.

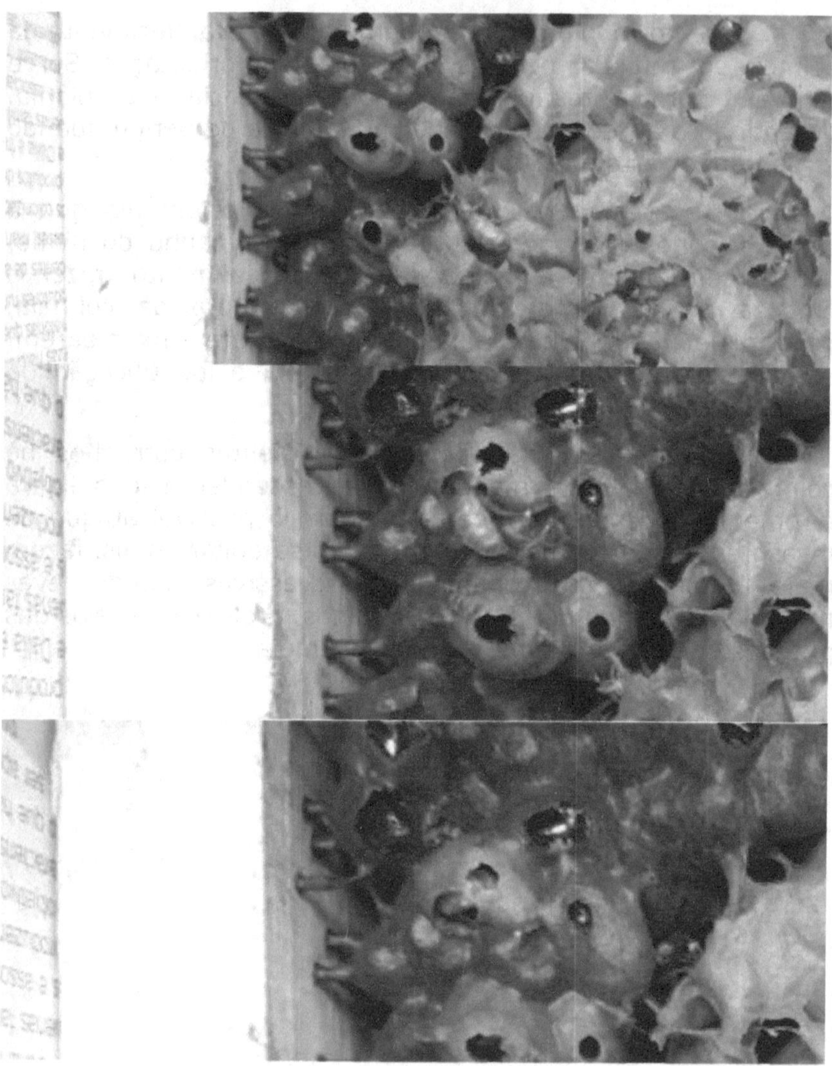

Fonte: O autor.

6 CICLO DE VIDA DAS ABELHAS SEM FERRÃO

As abelhas passam por uma metamorfose completa, da mesma forma como a maioria dos insetos. Iniciam sua existência como ovos, que se transformam em larva, depois em pupa e, finalmente, em abelhas adultas.

Em cada alvéolo aberto (célula de cria) as operárias depositam uma pequena porção de alimento larval (composto de mel, pólen e secreções glandulares das operárias) para que a rainha oviposite e então as operárias fechem o alvéolo e se inicie o processo de transformação do ovo em abelha.

Figura 26: (1) Alvéolos abertos com alimento e à espera da postura pela rainha. (2) Alvéolos sendo fechados, já com o ovo depositado sobre o alimento. (3) Diversos alvéolos fechados, já com ovos em fase de desenvolvimento em uma colmeia de Mirim-Guaçu (*Plebeia remota*).

Fonte: O autor.

Quando o ovo eclode dá origem a larva, que se alimenta da geleia real estocada no alvéolo. Nesta fase, a própria larva constrói um casulo (fase chamada pré-pupa), no interior do alvéolo, onde se transforma em pupa, para então se desenvolver e se transformar em abelha adulta.

Durante as duas fases de desenvolvimento (da postura do ovo até a pré-pupa e da pré-pupa até a fase adulta) pode-se notar uma diferença na coloração dos favos de cria. Na primeira fase, os favos de cria possuem uma coloração mais escura, da mesma cor do cerume e na segunda fase a cor dos favos de cria é mais clara, mais amarelada.

Na primeira fase, de cor escura, diz-se que a cria é verde. Já na segunda fase, de cor mais clara, diz-se que a cria está madura.

Figura 27: Colmeia de Mirim nigriceps (*Plebeia nigriceps*). (1) Cria madura, mais clara. (2) Cria verde, mais escura.

Fonte: O autor.

Saber reconhecer se a cria está verde ou madura é importante quando deseja-se fazer divisões de colônias, para sua multiplicação, já que para isso, deve-se retirar alguns favos de cria maduros (um ou dois) de uma colônia forte (colônia-mãe) e colocar na colônia nova (colônia-filha) a fim de povoá-la.

Vale destacar que é importante observar se há a presença da realeira (célula real) nos favos de cria transferidos para a caixa-filha como recomenda NOGUEIRA-NETO (1997):

> Se for um Trigonini (JATAÍ, MIRIM, BENJOÍ, MANDAGUARI, TUBUNA, BORÁ, MOMBUCÃO, GUIRUÇU, etc.) verifique cuidadosamente onde estão as células reais. Elas são muito maiores que as células comuns e geralmente estão nas bordas dos favos de cria. (NOGUEIRA-NETO, 1997, p. 209).

Na imagem a seguir, pode-se observar uma célula real de abelha Jataí (*Tetragonisca angustula*) nas bordas do favo de cria e pode-se comparar seu tamanho com os alvéolos de abelhas operárias.

Figura 28: Favos de cria com células de operárias e uma célula real.

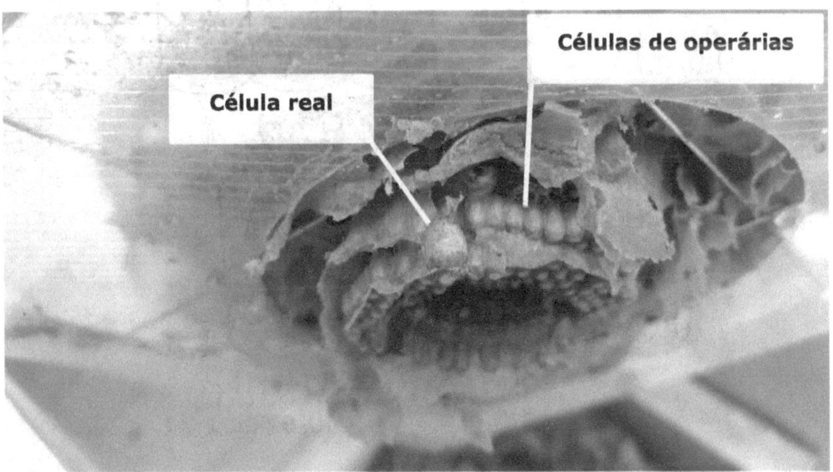

Fonte: O autor.

É na célula real que uma rainha virgem está em processo de desenvolvimento. Nela, a quantidade de alimento larval (neste caso, geleia real) estocado é muito grande, o que garante o desenvolvimento diferenciado da larva, que se transformará na rainha da colônia.

Observação: Ainda conforme NOGUEIRA-NETO (1997, p. 10) "Os Meliponini (URUÇUS, MANDAÇAIAS, JANDAÍRAS, TIÚBA, GUARAIPO, GUARUPU, MANDURI, etc.) não fazem células reais. Suas rainhas nascem em células de cria iguais às das operárias".

O processo metamorfoseante das abelhas sem ferrão dura de 40 a 52 dias, dependendo da espécie e fatores climáticos.

Figura 29: Ciclo de vida das abelhas nativas sem ferrão desde o ovo até a fase adulta.

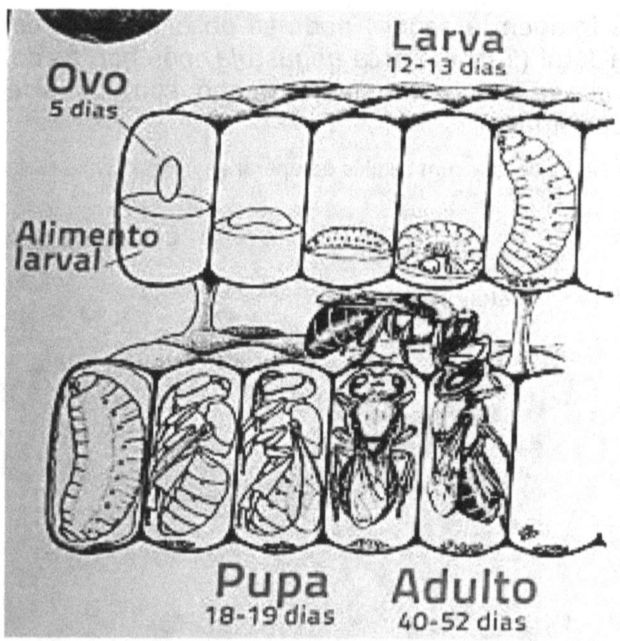

Fonte: O autor, adaptado de IX Seminário Regional de Meliponicultura em Lajeado/RS.

Assim que saírem das células de cria (alvéolos) as abelhas já iniciam seus trabalhos. Permanecem assim durante todo o tempo de sua vida, que dura em torno de 50 a 55 dias.

Conforme VILLAS-BÔAS (2012), durante estes quase dois meses de existência, as abelhas operárias executam tarefas nesta ordem:

> 1. Nas primeiras horas após o nascimento, as abelhas realizam a limpeza corporal e permanecem sobre os favos de cria produzindo cera, secretada por glândulas específicas em forma de pequenas placas brancas;
>
> 2. Nos primeiros dias, cuidam da cria manipulando cera: raspam as células de prépupa, constroem células de cria e auxiliam as atividades de postura da rainha;
>
> 3. A partir do primeiro terço de vida, passam a exercer atividades como limpeza e manipulação de alimento, mas não deixam de realizar outras funções que vinham exercendo;
>
> 4. É somente na segunda metade da vida, ou seja, após o 25º dia, que passam a exercer atividades no ambiente exterior. Nessa fase, as operárias também são chamadas de campeiras. Saem para o campo em busca de pólen, néctar, barro, resina (própolis) e água. Geralmente, antes da fase de campeiras, alguns indivíduos da mesma idade fazem a guarda da entrada e do túnel de ingresso, defendendo a colônia. Nessa função, são chamados de sentinelas. (VILLAS-BÔAS, 2012, p. 24).

7 ESTRUTURA DAS COLMEIAS

Uma colmeia de abelhas sem ferrão é composta basicamente de duas partes: o local onde se encontram os favos de cria (no interior de um invólucro de cera) e o local onde se encontra o depósito de alimentos em potes específicos.

Na colmeia há também estruturas auxiliares, tais como o batume, o túnel de ingresso e a entrada.

No esquema apresentado por Paulo Nogueira Neto, pode-se ter uma noção bem clara da organização da colmeia na parte oca do tronco de uma árvore.

Figura 30: Esquema de uma colmeia de abelhas nativas na parte oca de um tronco de árvore.

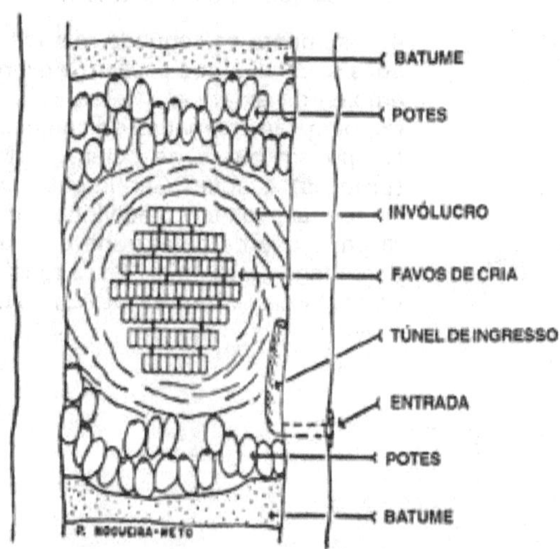

Fonte: Paulo Nogueira Neto, p. 47.

Conforme o esquema de Nogueira Neto, nas partes superior e inferior há uma camada de batume que limita a estrutura da colmeia. Na parte central, estrategicamente posicionados, ficam dispostos os favos de cria, no interior do invólucro de cera, e este, ladeado pelos potes de alimento. Esta organização é bem lógica, pois este material, além de servir como um isolante térmico, permite a obtenção fácil de suprimentos.

A foto a seguir apresenta uma colmeia de abelha Jataí (*Tetragonisca angustula*) na parte oca de um tronco de árvore seca que fora cortada para lenha.

Figura 31: Colmeia de abelhas nativas na parte oca de um tronco de árvore.

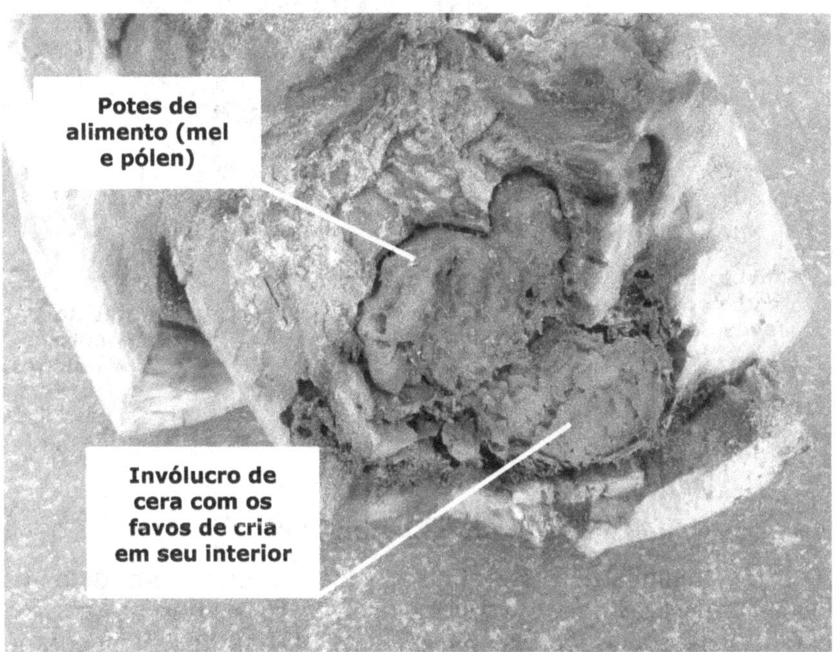

Fonte: O autor.

Nesta foto vê-se uma colmeia de abelha Jataí (*Tetragonisca angustula*) que estava na parte oca entre um muro de contenção e a terra.

Figura 32: Colmeia de abelhas nativas retirada do espaço oco entre um muro de contenção e a terra.

Fonte: O autor.

7.1 LOCAL DE NIDIFICAÇÃO DAS ABELHAS

A nidificação das abelhas pode ocorrer em diversos locais, em seu habitat natural, na área rural, nas matas, em cupinzeiros abandonados, em espaços vazios de barrancos ou entre pedras ou em mourões de cercas, mas principalmente em troncos ocos de árvores.

Nas fotos a seguir, pode-se ver os locais de instalação das colmeias de abelhas nativas sem ferrão na parte oca de troncos de árvores, sejam elas vivas ou já secas, assim como, em espaços vazios em muros de contenção e alicerce de residências.

A altura em que as colmeias são construídas varia de poucos centímetros do solo a alguns metros.

Esta colmeia de Jataí (*Tetragonisca angustula*) está no interior oco de um tronco de eucalipto seco. A altura da entrada em relação ao solo é de aproximadamente 20 cm.

Figura 33: Colmeia de Jataí (*Tetragonisca angustula*) em tronco oco de eucalipto seco com entrada a 20 cm do solo.

Fonte: O autor.

As colmeias de Jataí (*Tetragonisca angustula*) das fotos a seguir estão na parte oca de troncos de árvores vivas cujas entradas variam de 5 cm a 1,5 m do solo.

Figura 34: Colmeia de Jataí (*Tetragonisca angustula*) com entrada a 5 cm do solo.

Fonte: O autor.

Figura 35: Colmeia de Jataí (*Tetragonisca angustula*) com entrada a 1,5 m do solo.

Fonte: O autor.

Figura 36: Colmeia de Mirim-Guaçu (*Plebeia remota*) em tronco oco de gabirobeira viva com entrada a 40 cm do solo.

Fonte: O autor.

Figura 37: Colmeia de Jataí (*Tetragonisca angustula*) com entrada dupla a 2 m do solo.

Fonte: O autor.

Figura 38: Colmeia de Jataí (*Tetragonisca angustula*) em tronco oco de plátano vivo com entrada a 2 m do solo.

Fonte: O autor.

Embora nativas, as abelhas também podem ser facilmente encontradas na área urbana.

Não é incomum as abelhas construírem suas colmeias nos espaços ocos em muros de contenção ou espaços vazios de paredes em geral.

Nesta foto, a entrada do ninho de abelha Mirim Droryana (*Plebeia droryana*) está localizada a uma altura de aproximadamente 10 cm do solo, sendo que a colmeia se encontra nos espaços vazios das pedras que servem de base para o piso de uma varanda.

Figura 39: Colmeia de Mirim Droryana (*Plebeia droryana*) na parte oca da base de uma varanda.

Fonte: O autor.

Estas colmeias de Mirim preguiça (*Friesella schrottkyi*) foram construídas em espaços vazios entre as pedras de muros de contenção em alturas médias de um metro.

Figura 40: Colmeias de Mirim preguiça (*Friesella schrottkyi*) em muros de contenção.

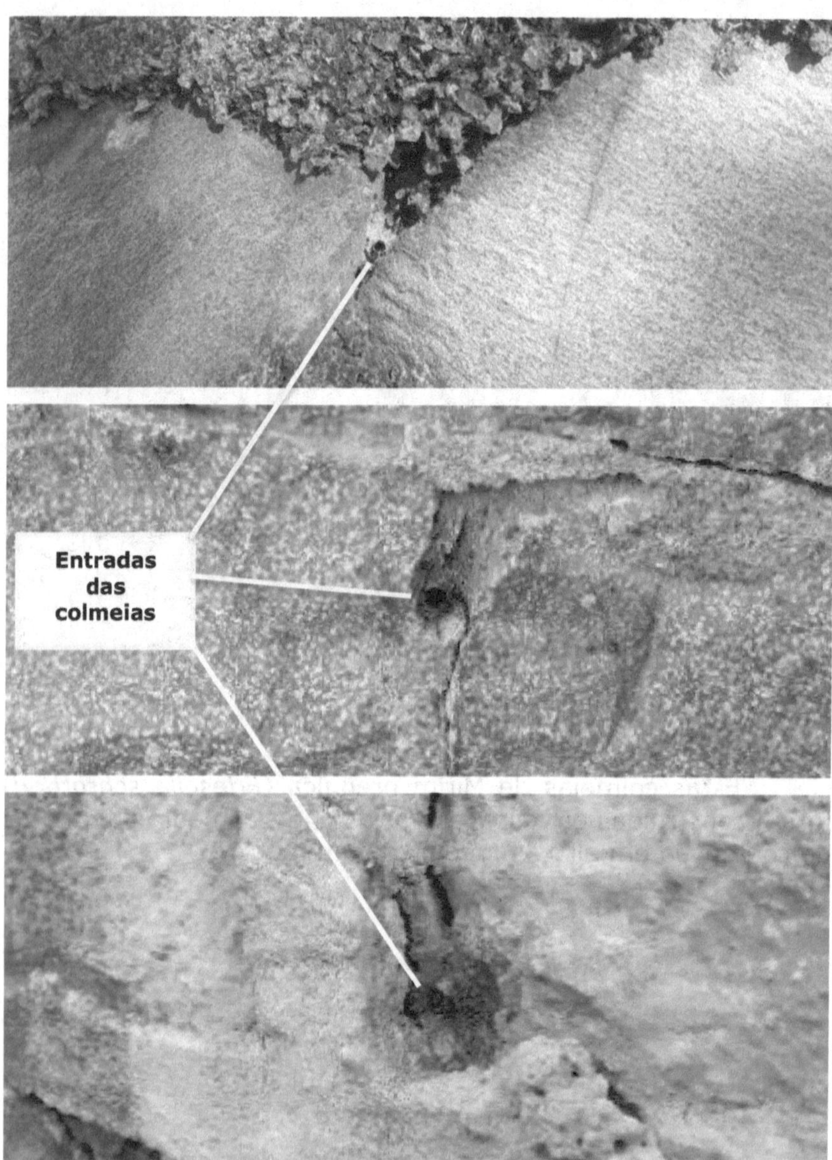

Fonte: O autor.

Aqui, no alicerce de alvenaria de uma residência, a não mais de 30 cm do solo, as abelhas da colônia de Jataí (*Tetragonisca angustula*) construíram um tubo de entrada de aproximadamente 20 cm de comprimento para terem acesso mais fácil ao ambiente externo (devido aos ramos das flores), o que demostra grande capacidade de adaptação.

Figura 41: Colmeia de Jataí (*Tetragonisca angustula*) no alicerce de uma residência de alvenaria com tudo de entrada exposto de aproximadamente 20 cm de comprimento.

Fonte: O autor.

7.2 ENTRADA DAS COLMEIAS

A entrada por onde as abelhas indígenas sem ferrão acessam a colmeia consiste basicamente de um tudo de cerume com uma parte externa e uma interna. Dependendo da espécie a saliência externa é maior e em alguma delas não há nenhuma protuberância exterior.

Independentemente do tipo de entrada, no interior da colmeia existe um outro tubo, chamado túnel de ingresso, que varia de poucos a alguns centímetros de comprimento.

É logo na entrada que ficam as abelhas sentinelas, abelhas que ficam de guarda para impedir a entrada de invasores.

É também o formato camuflado da entrada do ninho que serve como forma de defesa.

É também pelo tipo de entrada que é possível identificar a espécie de abelhas antes mesmo de olhar no interior do ninho.

Figura 42: Entrada da colmeia de Mandaçaia (*Melipona quadrifasciata*).

Fonte: O autor.

Figura 43: Entrada da colmeia de Tubuna (*Scaptotrigona bipunctata*).

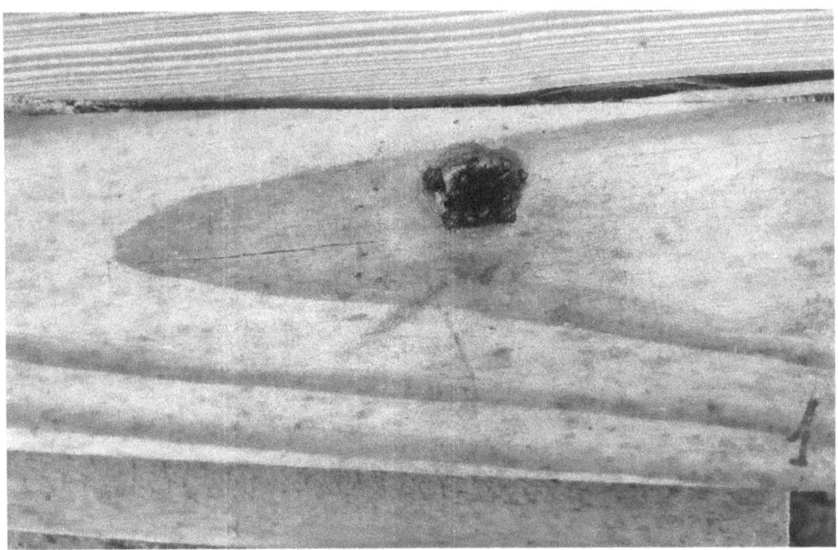

Fonte: O autor.

Figura 44: Entrada da colmeia de Manduri (*Melipona marginata*).

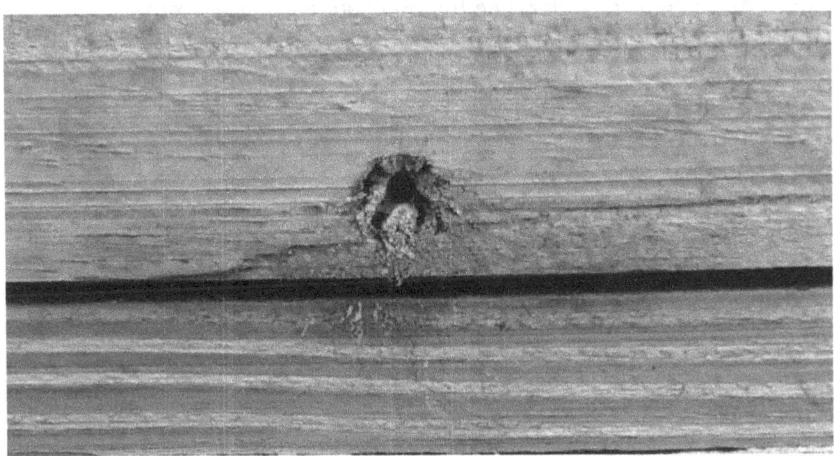

Fonte: O autor.

Figura 45: Entrada da colmeia de Mandaguari (*Scaptotrigona pastica*).

Fonte: O autor.

Figura 46: Entrada da colmeia de Iraí (*Nannotrigona testacecornis*).

Fonte: O autor.

Figura 47: Entrada da colmeia de Mirim nigriceps (*Plebeia nigriceps*).

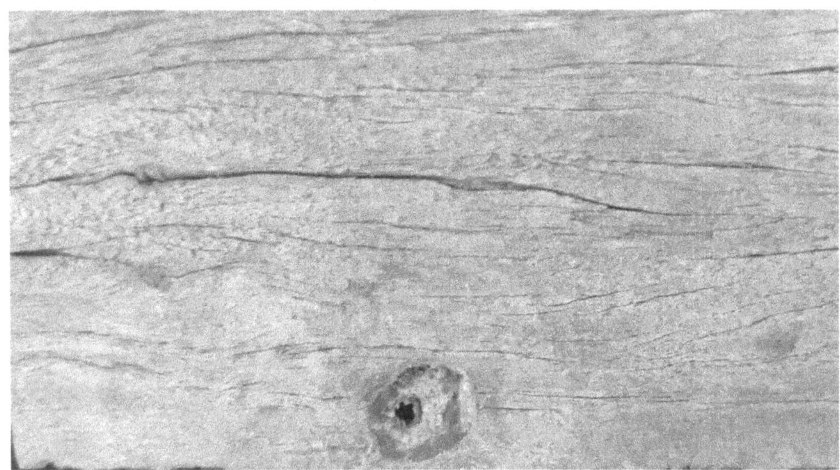

Fonte: O autor.

Figura 48: Entrada da colmeia de Mirim Droryana (*Plebeia droryana*).

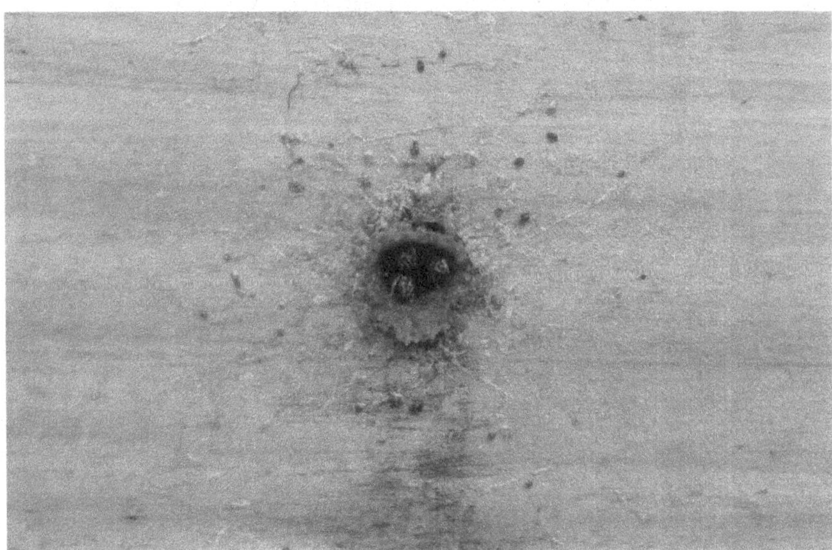

Fonte: O autor.

Figura 49: Entrada da colmeia de Mirim-Guaçu (*Plebeia remota*).

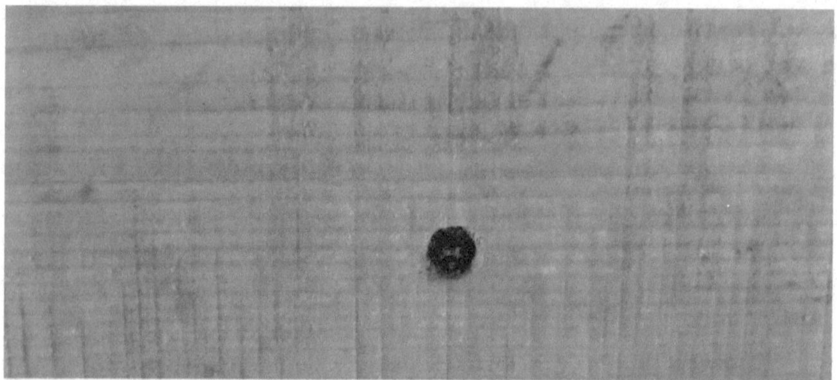

Fonte: O autor.

Figura 50: Entrada da colmeia de Jataí (*Tetragonisca angustula*).

Fonte: O autor.

Outra característica interessante a observar é o fechamento da entrada da colmeia em condições ambientais específicas.

No caso da abelha Jataí (*Tetragonisca angustula*), nos dias frios e à noite, a entrada da colmeia é fechada como forma de proteção.

Figura 51: Entrada da colmeia de Jataí (*Tetragonisca angustula*) fechada em dia frio de inverno, mesmo com sol, em caixa racional.

Fonte: O autor.

Figura 52: Entrada da colmeia de Jataí (*Tetragonisca angustula*) fechada em dia frio de inverno, mesmo com sol, na mata nativa.

Fonte: O autor.

Figura 53: Entrada da colmeia de Jataí (*Tetragonisca angustula*) fechada à noite de verão, em caixa racional.

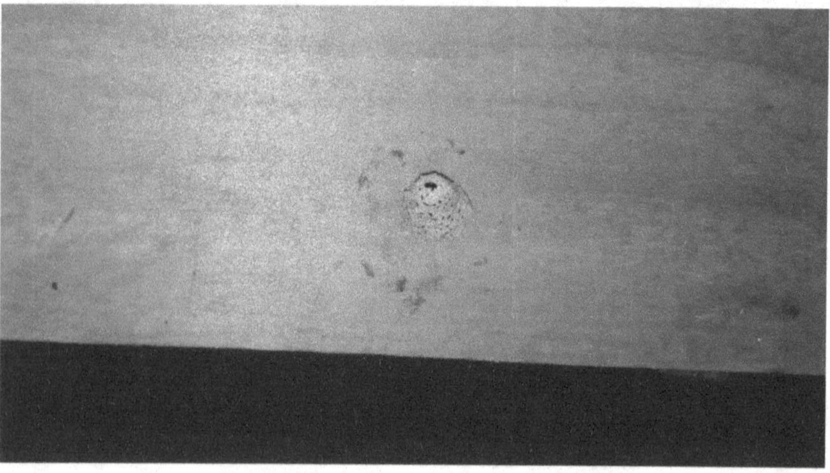

Fonte: O autor.

8 LEGISLAÇÃO REFERENTE À MELIPONICULTURA

Como as abelhas nativas sem ferrão são animais que constituem parte da fauna silvestre brasileira e considerando que são bens de uso comum do povo, nos termos do artigo 225 da Constituição Federal, sua criação, seja para fins comerciais, pesquisas ou atividade de lazer está amparada em lei.

> Art. 225. Todos têm direito ao meio ambiente ecologicamente equilibrado, bem de uso comum do povo e essencial à sadia qualidade de vida, impondo-se ao Poder Público e à coletividade o dever de defendê-lo e preservá-lo para as presentes e futuras gerações. (CONSTITUIÇÃO FEDERAL. Art. 225).

Em relação à meliponicultura, a Resolução nº 496, de 19 de agosto de 2020, apresenta as seguintes definições:

> Art. 1º Esta Resolução disciplina o uso e o manejo sustentáveis das abelhas-nativas-sem-ferrão em meliponicultura.
> Art. 2º Para fins desta Resolução entende-se por:
> I - Abelhas-nativas-sem-ferrão: insetos da Ordem Hymenoptera, Família Apidae, Subfamília Apinae, Tribo Meliponini, que possuem ferrão atrofiado e hábito social;
> II - Colmeia: caixa ou estrutura física que abriga a colônia de abelhas-nativas-sem-ferrão;
> III - Colônia: Conjunto de indivíduos da mesma espécie composto por rainha e sua prole, em seu ninho;
> IV - Manejo para multiplicação: atividade realizada pelo meliponicultor com a finalidade de obter novas colônias;
> V - Matriz-silvestre: colônia obtida da natureza;
> VI - Matriz de multiplicação: colônia obtida a partir da matriz-silvestre ou de multiplicações subsequentes;
> VII - Meliponários: locais destinados à criação de abelhas-nativas-sem-ferrão, composto de um

conjunto de colônias alojadas em colmeias especialmente preparadas para o manejo e manutenção dessas espécies;
VIII - Meliponicultor: criador de abelhas-nativas-sem-ferrão;
IX - Meliponicultura: atividade de criação de abelhas-nativas-sem-ferrão;
X - Recipientes-isca: recipientes deixados no ambiente com a finalidade de obter colônia de abelhas-nativas-sem-ferrão;
XI - Resgate: colônias coletadas, mediante autorização do órgão ambiental competente, em áreas de supressão vegetal ou em situação de risco alojadas em cavidades naturais ou artificiais; e
XII - Produtos e subprodutos de abelha-nativas-sem-ferrão: mel, favo de cria, cerume, própolis, geoprópolis, pólen, cera e partes da colônia.
(DIÁRIO OFICIAL DA UNIÃO. Resolução nº 496).

No anexo encontra-se a Resolução Nº 496 completa para consulta.

9 CAPTURA DOS ENXAMES

Para capturar enxames de abelhas nativas sem ferrão é necessário confeccionar "ninhos-isca" e colocá-los em ambientes naturais, na mata nativa, em ocos de troncos ou entre galhos de árvores, em altura média de um metro do solo ou na área urbana.

O êxito da captura está relacionado à época de enxameação, que é de outubro a março.

Vale destacar que a prática da meliponicultura para fins comerciais depende de autorização do órgão ambiental competente, como consta no artigo 3º da Resolução nº 496:

> Art. 3º O uso e manejo de abelhas-nativas-sem-ferrão dependerá de ato autorizativo do órgão ambiental competente, após análise dos seguintes requisitos mínimos:
> I - relação das espécies requeridas;
> II - localização do meliponário, com coordenadas geográficas;
> III - CNPJ ou CPF;
> IV - informação sobre a obtenção das colônias para o plantel inicial.

Se a meliponicultura for praticada como *hobby* está dispensada de autorização, como menciona a mesma Resolução no artigo 3º, §3º:

> §3º São dispensados de autorização ambiental o uso e manejo sem exploração econômica de até 49 (quarenta e nove) colônias. (DIÁRIO OFICIAL DA UNIÃO. Resolução nº 496).

Para confeccionar os "ninhos-isca" pode-se utilizar caixas de leite vazias bem lavadas e secas ou garrafas PET limpas e secas.

Inicialmente prepara-se o atrativo, obtido basicamente a partir de cerume e própolis dissolvidos em álcool.

Para prepará-lo, deve-se deixar o conteúdo em uma pequena garrafa durante 10 a 15 dias, agitando o recipiente diariamente.

Assim que o álcool ficar marrom escuro deve-se filtrar o líquido a fim de separar o material que não se diluiu.

Figura 54: Atrativo obtido a partir da diluição da cera e própolis em álcool.

Fonte: O autor.

Para preparar o ninho-isca, coloca-se aproximadamente 2 ml do atrativo filtrado em uma garrafa PET de dois litros ou em uma caixa de leite.

Figura 55: Atrativo no interior da garrafa PET.

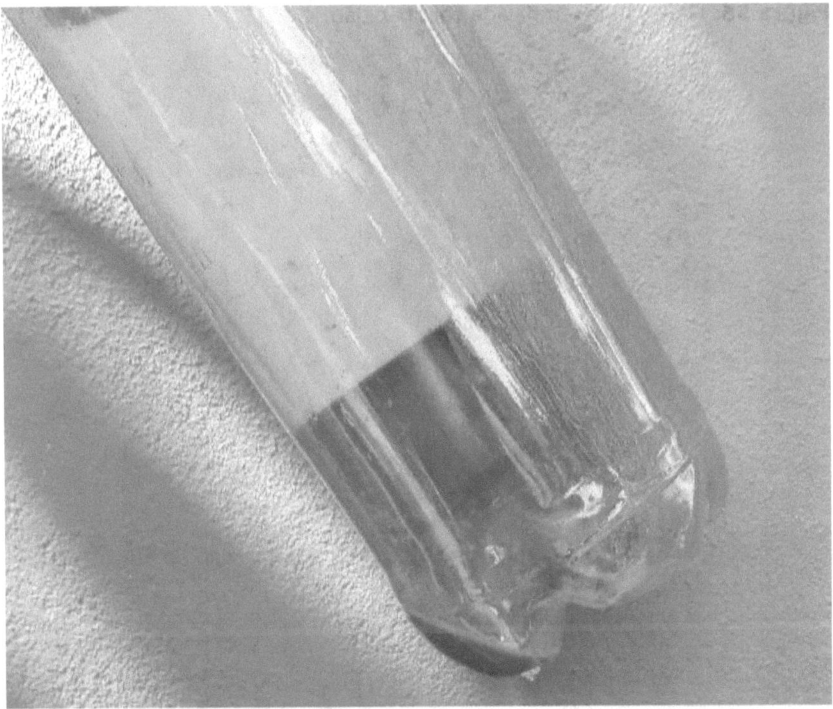

Fonte: O autor.

Neste momento deve-se tampar a garrafa PET e agitar vigorosamente para que o atrativo "molhe" todo o interior da garrafa.

Assim que o álcool evaporar, restará uma fina camada de cera e própolis afixada na parede interna da garrafa e servirá de atrativo para que as abelhas iniciem o processo de construção da nova colmeia em seu interior.

Uma boa dica é espirar um pouco de atrativo na entrada do ninho-isca e no local de sua instalação.

Na sequência, deve-se embalar a garrafa PET com folhas de jornal ou papelão, conforme a imagem a seguir.

Figura 56: Garrafa PET embalada com papelão.

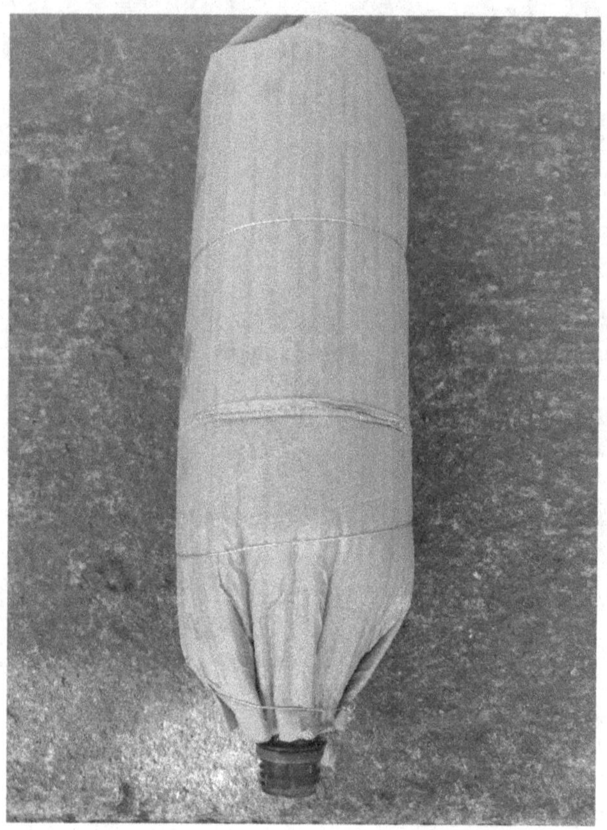

Fonte: O autor.

Em seguida deve-se forrar a garrafa PET com lona plástica preta.

Figura 57: Garrafa PET forrada com lona plástica preta.

Fonte: O autor.

Por fim, deve-se utilizar um joelho de mangueira de ¾ de polegada e a parte superior de outra garrafa PET como mostra a imagem a seguir.

Figura 58: Entrada do ninho-isca feito com a parte superior de garrafa PET afixada em joelho de mangueira de 3/4 de polegada.

Fonte: O autor.

Assim que o ninho-isca estiver pronto deve-se instalá-lo em espaços ocos de troncos ou entre galhos de árvores na mata ou nas proximidades (10 a 20 metros) de colmeias existentes na área urbana, conforme as imagens a seguir.

Figura 59: Ninho-isca feito de caixa de leite instalado entre galhos de uma árvore nativa.

Fonte: O autor.

Figura 60: Ninho-isca feito de garrafa PET instalado em espaço oco do tronco de uma árvore nativa.

Fonte: O autor.

Para facilitar a entrada do enxame de abelhas é melhor camuflar o ninho-isca com um pedaço de casca de árvore. Isso também evita que pessoas curiosas ou más intencionadas enxerguem o ninho-isca e o retire do local por algum motivo.

Figura 61: Ninho-isca camuflado e instalado entre os troncos de um eucalipto.

Fonte: O autor.

Figura 62: Ninho-isca camuflado e instalado em espaço vazio no tronco de um eucalipto.

Fonte: O autor.

Frequentemente deve-se visitar os ninhos-isca a fim de verificar se um enxame foi capturado.

Em caso afirmativo, deixa-se a colônia se estabelecer no interior da garrafa PET por pelo menos um mês. O tempo de permanência da colônia no local de captura é importante para que as abelhas transportem cera e alimento da colônia-mãe para a colônia-filha em formação.

Figura 63: Ninho-isca com a rainha recém fecundada e em processo de construção da colmeia em seu interior.

Fonte: O autor.

Depois de passado este tempo de adaptação da nova colônia e percebendo que a garrafa PET está mais pesada devido à quantidade de cera, alimento e abelhas em seu interior, pode-se levar a nova colmeia para casa (meliponário) a fim de transferi-la para um espaço maior, no caso para uma caixa de madeira adequadamente construída, chamada caixa racional.

Os melhores horários para retirar o ninho-isca do local de instalação e levá-lo para casa são nas primeiras horas da manhã ou no final da tarde, assim todas as abelhas campeiras que saíram para coletar alimento estarão de volta.

Outra forma de obtenção de colônias é a sua aquisição de outros produtores autorizados pelo órgão ambiental competente.

Também é possível obter novas colônias a partir da divisão de uma colônia "forte" seguindo alguns procedimentos básicos conforme explica NOGUEIRA-NETO (1997):

> No Sul, Sudeste e Centro Oeste da Federação Brasileira a divisão das colônias deve ser feita na parte mais quente e chuvosa do ano, nos meses de outubro a março. Algum tempo, se possível uma semana antes da divisão, abra as colmeias, examine-as, faça o seu planejamento e comece a tomar as medidas preparatórias. Para ser dividida, escolha sempre uma colônia forte. Se for um Trigonini (JATAÍ, MIRIM, BENJOÍ, MANDAGUARI, TUBUNA, BORÁ, MOMBUCÃO, GUIRUÇU, etc.) verifique cuidadosamente onde estão as células reais. Elas são muito maiores que as células comuns e geralmente estão nas bordas dos favos de cria. Como regra geral, antes da divisão da colônia é prioritário saber a localização de 1 ou 2 células reais na fase de casulo, ou seja, na fase em que as células são revestidas de um tecido de seda especial, cor de palha-clara, que praticamente não apresenta cerume nas suas paredes exteriores. [...] Em outras palavras, aguarde o momento oportuno para fazer a divisão da colmeia, de maneira que fiquem numa colmeia os favos com a maioria dos casulos, inclusive com a célula real, e na outra colmeia fiquem principalmente os favos novos, inclusive com a rainha poedeira. Assim não haverá necessidade de romper um favo de cria helicoidal, o que poderia ser desastroso. (NOGUEIRA-NETO, 1997, p. 208-209).

Resumidamente a divisão consiste na escolha de uma colônia-mãe, retirada de um ou dois discos de cria maduros[5] e acomodação destes discos em uma caixa nova (colônia-filha), sendo que a caixa nova deve ser colocada no lugar da caixa velha para que as abelhas transformem uma larva em uma nova rainha e assim construam uma nova colônia. A caixa velha deverá ser colocada em local distante da caixa nova para que continuem a se desenvolver e a rainha continue a postura. Em ambas as caixas é preciso adicionar alimentação artificial.[6]

---

[5] Ver capítulo 6.
[6] Ver item 13.1.

10 CONSTRUÇÃO DE CAIXAS RACIONAIS

Para imitar a estrutura das colmeias das abelhas nativas sem ferrão para o fim comercial ou *hobbysta,* pode-se construir caixas de madeira, chamadas caixas racionais.

Elas devem ser feitas com madeiras de boa qualidade, seca, que não entortem e com tábuas plainadas e esquadrilhadas.

Um modelo de caixa muito funcional e que reproduz a condição natural das abelhas sem ferrão, é o formato apresentado por VENTURIERI (2008) que consiste basicamente em uma caixa no formato de prisma de base quadrada, onde em seu interior há quatro gavetas, sendo a primeira, de baixo para cima, usada para o ninho, a segunda usada para o sobreninho e a terceira e quarta gavetas usadas como melgueiras pelas abelhas.

Na sequência, são apresentadas as fotos das peças, com as respectivas medidas, para a construção de uma caixa racional. Porém, devido à espécie, podem-se construir caixas em tamanho maior ou menor.

Figura 64: Peças de madeira para construir uma caixa racional.

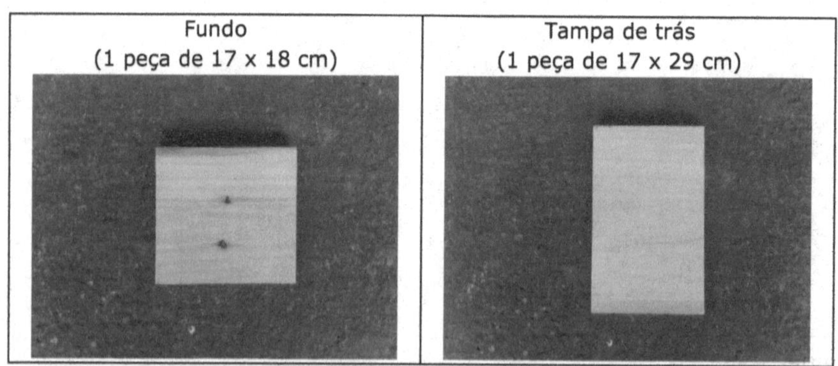

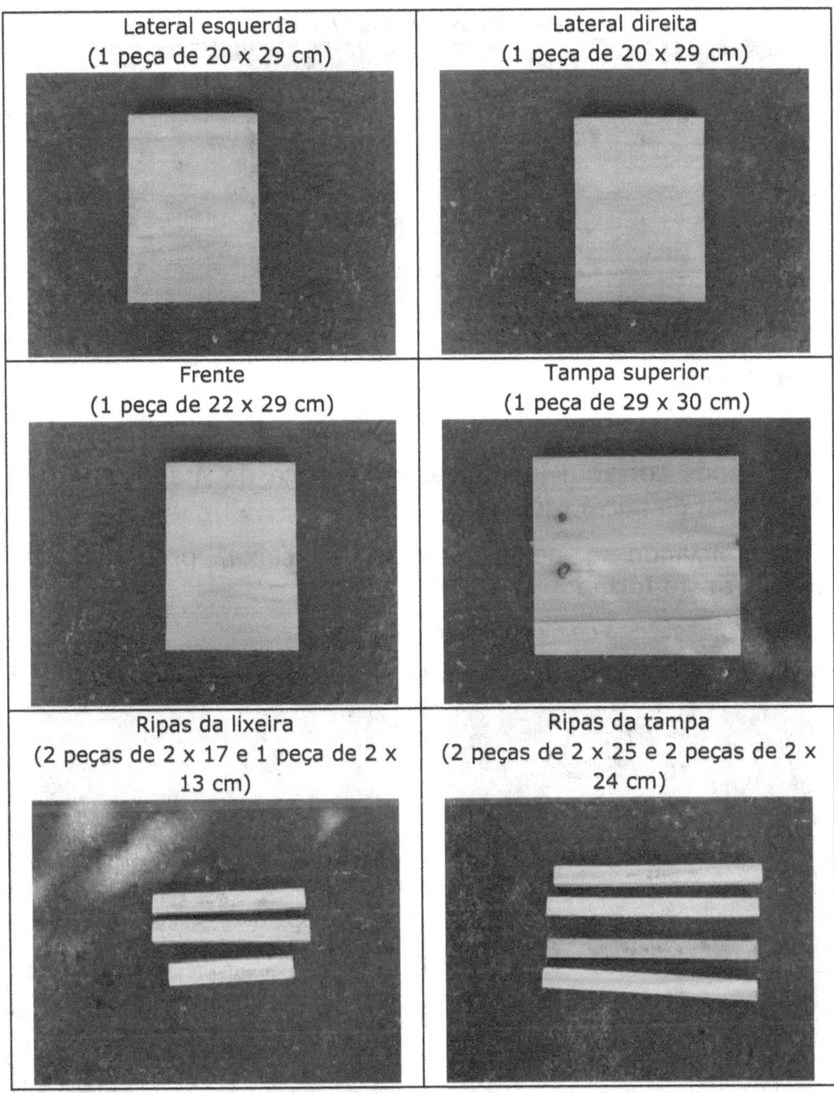
Lateral esquerda
(1 peça de 20 x 29 cm)
Lateral direita
(1 peça de 20 x 29 cm)
Frente
(1 peça de 22 x 29 cm)
Tampa superior
(1 peça de 29 x 30 cm)
Ripas da lixeira
(2 peças de 2 x 17 e 1 peça de 2 x 13 cm)
Ripas da tampa
(2 peças de 2 x 25 e 2 peças de 2 x 24 cm)

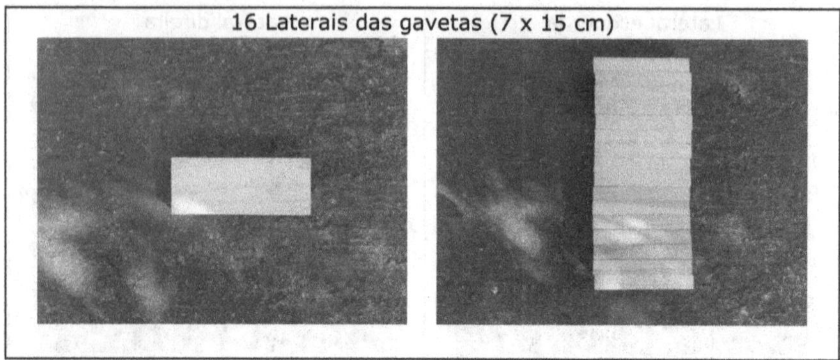

Fonte: O autor.

Após cortar e identificar cada peça de madeira vem a montagem da caixa racional.

Iniciando-se pelas gavetas da caixa, pregam-se as laterais desta forma:

Figura 65: Sequência de montagem das gavetas.

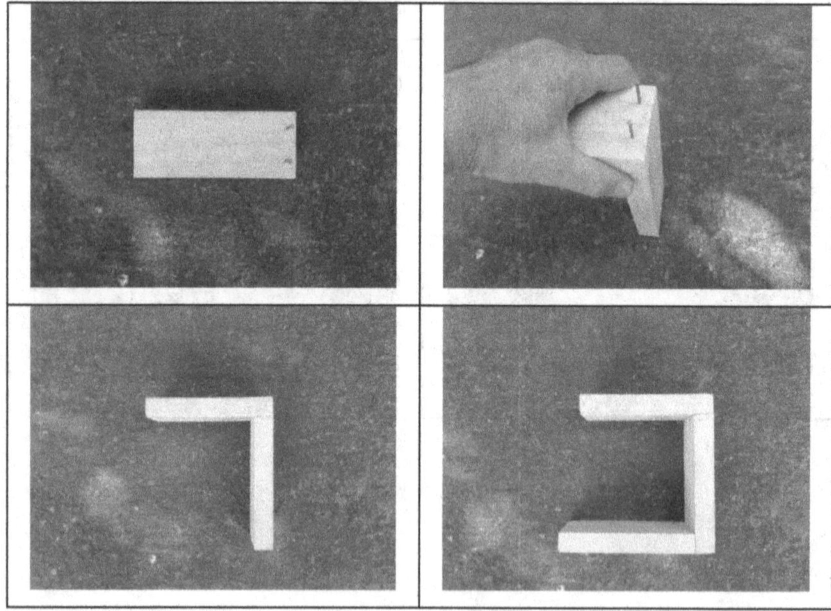

Fonte: O autor.

Finalizada a montagem das gavetas, colocam-se (na parte de baixo) oito pregos de bitola 12 x 12 (1,8 mm x 27,6 mm), deixando cerca de 5 mm do prego para fora da madeira a fim de afixar um arame.

Figura 66: Oito pregos para afixar arame.

Fonte: O autor.

Em seguida, passando pelos 8 pregos, deve-se esticar um arame fino, de bitola aproximada de 18 BWG (1,25 mm).

Para facilitar o esticamento do arame pode-se prender uma das pontas em algo fixo, por exemplo, em uma árvore.

Figura 67: Esticamento do arrame nas gavetas.

Fonte: O autor.

Esta espécie de tela feita com o arame servirá de sustentação para que as abelhas construam seu ninho.

Após esticar o arame deve-se bater os oito pregos até que fiquem rente à madeira.

Figura 68: Batimento dos pregos.

Fonte: O autor.

O resultado deve ficar assim:

Figura 69: Tela de arame formada no fundo das gavetas.

Fonte: O autor.

Para montar a parte externa da caixa racional, pode-se seguir estes passos:

Figura 70: Sequência de montagem da parte externa da caixa racional.

Fonte: O autor.

Quando as três laterais e o fundo estiverem pregados, é o momento de pregar as ripas da lixeira no fundo da caixa.

Estas ripas manterão a primeira gaveta (gaveta do ninho) elevada em relação ao fundo da caixa, o que permitirá o depósito do lixo pelas abelhas.

Figura 71: Ripas pregadas no fundo da caixa para manter a gaveta do ninho elevada em relação ao fundo da caixa racional.

Fonte: O autor.

Nesta imagem pode-se ver a sujeira depositada pelas abelhas na lixeira do fundo da caixa racional após meses de trabalho.

Figura 72: Lixo depositado no fundo da caixa racional.

Fonte: O autor.

Quando as abelhas estão com "pouco" serviço fazem a limpeza da lixeira.

Na imagem a seguir pode-se ver uma abelha da espécie Mirim Droryana (*Plebeia droryana*) levando em sua boca uma porção de lixo para fora da caixa racional.

Figura 73: Abelha Mirim Droryana (*Plebeia droryana*) levando em sua boca uma porção de lixo para fora da caixa racional.

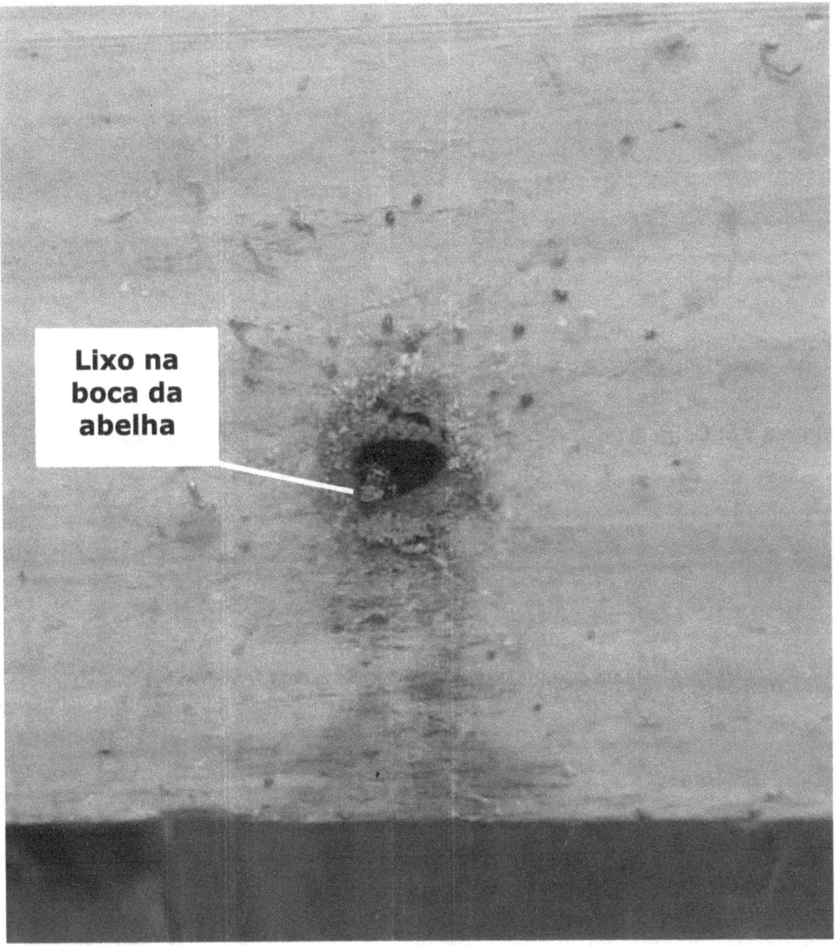

Fonte: O autor.

Pode-se colocar duas dobradiças na parte de trás para facilitar a abertura da caixa no momento de fazer as revisões na colmeia e a colheita do mel.

Figura 74: Lado de trás da caixa racional.

Fonte: O autor.

Figura 75: Dobradiças facilitam a abertura da parte traseira da caixa.

Fonte: O autor.

Para manter a porta traseira da caixa fechada pode-se pregar quatro ripas na tampa. Assim:

Figura 76: Ripas na parte inferior da tampa para manter a porta traseira fechada.

Fonte: O autor.

Figura 77: Tampa encaixada na parte superior da caixa racional.

Fonte: O autor.

Na parte da frente da caixa racional deve-se fazer um furo de 8 a 10 mm de diâmetro, a cerca de 3 cm do fundo. Este furo será a entrada das abelhas na caixa racional.

Figura 78: Furo de entrada das abelhas na caixa racional.

Fonte: O autor.

Para dividir uma gaveta da outra e permitir sua fácil separação, a fim de realizar revisões, manuseio e colheita do mel, deve-se utilizar plásticos do mesmo tamanho das gavetas.

São necessários dois plásticos entre cada gaveta, pois as abelhas fixarão um dos plásticos na parte superior da gaveta debaixo e fixarão o outro plástico na parte inferior da gaveta de cima.

Colocar os dois plásticos entre as gavetas é muito importante, pois se for colocado somente um plástico a separação será mais difícil.

Então, em cada caixa serão utilizados dois plásticos com um furo de 7 cm de diâmetro no centro e quatro plásticos com furos de 1 cm de diâmetro em cada canto, assim:

Figura 79: Dois plásticos com um furo de 7 cm de diâmetro no centro.

Fonte: O autor.

Figura 80: Quatro plásticos com furos de 1 cm de diâmetro em cada canto.

Fonte: O autor.

Por fim, veja a sequência de disposição das quatro gavetas e seus respectivos plásticos furados:

Figura 81: Primeira gaveta (gaveta do ninho) com dois plásticos com furos de 7 cm de diâmetro no centro.

Fonte: O autor.

Figura 82: Segunda gaveta com dois plásticos com furos de 1 cm em cada canto.

Fonte: O autor.

Figura 83: Terceira gaveta com dois plásticos com furos de 1 cm em cada canto.

Fonte: O autor.

Na última gaveta, (a primeira de cima para baixo), coloca-se um plástico sem nenhum furo. De preferência na cor preta.

Figura 84: Quarta gaveta com plástico preto sem furos.

Fonte: O autor.

A caixa pronta, com a tampa, fica assim, vista de frente:

Figura 85: Caixa racional pronta para receber uma colmeia de abelhas sem ferrão capturada com ninho-isca.

Fonte: O autor.

11 TRANSFERÊNCIA DE COLMEIA DE ABELHAS SEM FERRÃO PARA CAIXA RACIONAL

Depois que o enxame foi capturado e a colônia de abelhas sem ferrão se adaptou no interior do ninho-isca (em torno de um mês após a fecundação da rainha), pode-se transferir a colmeia para uma caixa racional.

Figura 86: Ninho-isca com uma colônia de abelhas sem ferrão em seu interior.

Fonte: O autor.

O primeiro passo para a transferência da colmeia para a caixa racional é a abertura do ninho-isca. Para isso, com um estilete, corta-se uma das laterais da caixa de leite (ou a lateral da garrafa PET).

Na imagem a seguir, percebe-se claramente a disposição das partes do ninho, tais como, os potes de alimento, o invólucro de cera com os favos de cria em seu interior, o túnel de ingresso e a entrada.

Figura 87: Ninho-isca aberto e disposição das partes do ninho.

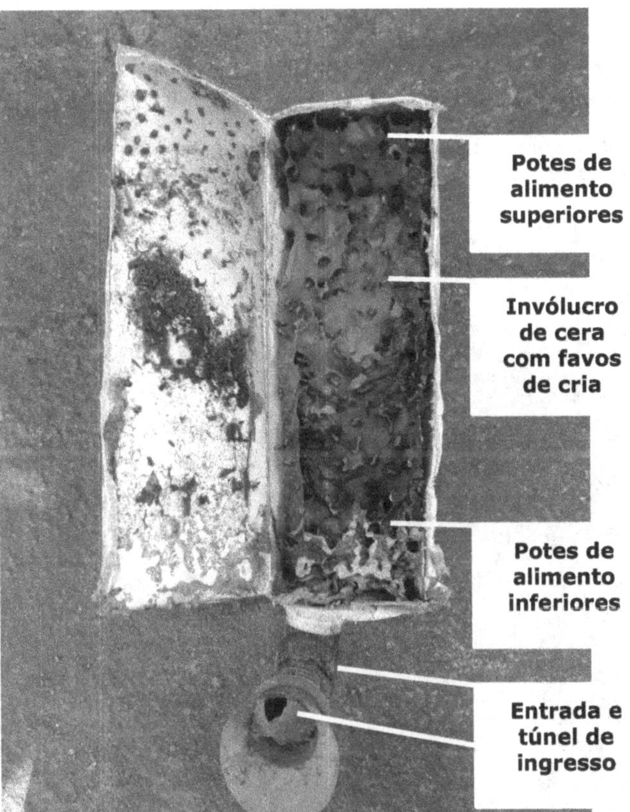

Fonte: O autor.

Conforme VENTURIERI (2008):

> Com delicadeza, transfere-se todos os favos de cria, invólucro e depósitos de resina, cera e cerume. É extremamente importante que os favos, especialmente os mais novos (geralmente de cor mais escura), não sejam batidos ou virados de cabeça para baixo. Caso isso aconteça, todos os ovos e as larvas novas irão morrer afogadas no alimento larval. (VENTURIERI, 2008, p. 43).

Por isso, com muito cuidado, retira-se a parte do ninho logo acima dos potes de alimento inferiores e coloca-se na primeira gaveta da caixa racional.

Figura 88: Invólucro de cera com favos de cria acomodado na primeira gaveta da caixa racional.

Fonte: O autor.

Sobre a primeira gaveta, colocam-se dois plásticos com o furo central de 7 cm de diâmetro.

Figura 89: Colocação dos dois plásticos com o furo central de 7 cm de diâmetro sobre a primeira gaveta (gaveta do ninho).

Fonte: O autor.

Na sequência, deve-se colocar a segunda gaveta (gaveta do sobreninho) sobre os dois plásticos com o furo central de 7 cm de diâmetro.

Figura 90: Colocação da segunda gaveta sobre os dois plásticos.

Fonte: O autor.

Como a colmeia é pequena em relação à caixa racional, pode-se colocar os potes de alimento e restos de cera na segunda gaveta (gaveta do sobreninho) de modo que as abelhas possam ter acesso fácil a este material para reorganizar o ninho.

Figura 91: Acomodação dos potes de alimento e restos de cera na segunda gaveta da caixa racional.

Fonte: O autor.

Sobre a segunda gaveta colocam-se dois plásticos com furos de 1 cm de diâmetro em cada canto.

Figura 92: Disposição dos dois plásticos com furos de 1 cm de diâmetro em cada canto.

Fonte: O autor.

Colocar o alimento na segunda gaveta (embora provoque maior consumo de energia) condiciona as abelhas a circular pelas duas gavetas e assim perceber o novo tamanho do ambiente para então, preencher todo o espaço com o aumento do ninho e potes de alimento.

Sobre a terceira gaveta colocam-se dois plásticos com furos de 1 cm de diâmetro em cada canto e na quarta gaveta coloca-se um plástico preto sem furos.

Figura 93: Disposição da terceira gaveta e seu plástico.

Fonte: O autor.

Figura 94: Disposição da quarta gaveta e seu plástico.

Fonte: O autor.

Pronto, agora basta colocar a tampa superior na caixa e afixá-la em uma parede ou sobre um pequeno barrote de madeira ou concreto a cerca de um metro de altura em relação ao solo.

Figura 95: Fixação da caixa racional sobre barrote de madeira.

Fonte: O autor.

Na primeira revisão da caixa racional, após aproximadamente duas semanas, as abelhas fecharam com cera os quatro furos dos cantos na parte inferior da terceira gaveta, permanecendo entre a primeira e a segunda gavetas.

Este comportamento deve-se ao fato de que até aquele momento o espaço entre as duas gavetas seria o suficiente pelo número de abelhas da colônia e que a circulação para a terceira gaveta (para aplicação do estoque de alimento) só irá ocorrer quando não haverá mais espaço nas duas gavetas inferiores e a colônia aumentar de tamanho.

Figura 96: Quatro furos dos cantos fechados com cera.

Fonte: O autor.

Retirando-se a terceira gaveta e os dois plásticos percebeu-se que as abelhas reaproveitaram boa parte da cera para ampliar o invólucro a fim de aumentar os favos de cria na primeira gaveta, bem como consumiram parte do alimento, pois gastaram bastante anergia para reorganizar a colmeia na caixa racional.

Figura 97: Reaproveitamento de cera e consumo de parte do alimento pelas abelhas durante a reorganização da colmeia na caixa racional.

Fonte: O autor.

Felizmente, após dois meses da transferência da colmeia para a caixa racional, as abelhas se adaptaram bem e ampliaram significativamente o invólucro de cera na primeira gaveta.

Figura 98: Comparação entre o tamanho do invólucro de cera na primeira gaveta da caixa racional após dois meses da transferência.

Fonte: O autor.

12 PRODUÇÃO DAS ABELHAS SEM FERRÃO

12.1 CERA

É no lado ventral do abdômen das abelhas operárias onde é secretada a cera utilizada para a construção dos favos de cria, do túnel de ingresso, do tudo de entrada e do invólucro.

Em seu livro NOGUEIRA-NETO (1997) explica como a cera é produzida e esclarece a diferença entre cera e cerume, já que às vezes as pessoas se confundem:

> A cera é secretada pelos Meliponíneos jovens em glândulas existentes no dorso do abdome, entre os segmentos abdominais. O produto dessa secreção é uma pequena placa de cera branca, que a gente pode ver com certa frequência no dorso do abdome dos indivíduos jovens da colônia. Edouard Drory (1873 p. 60) foi o primeiro a verificar que os Meliponíneos produzem a cera no dorso do abdome. Além disso constatou que também os zangãos secretam cera, fato confirmado pelo Professor Dr. Warwick E. Kerr e por mim (apud Nogueira-Neto, 1951 p. 71) e posteriormente por outros autores. A composição química das ceras da Apis mellifera, dos Meliponíneos e de outras abelhas, foi examinada e discutida na dissertação de Pedro Leopoldo Jauregui Morales (1995). Contudo, esse autor referiu-se ao cerume dos Meliponíneos, ou seja à cera misturada com resinas, como sendo cera. Poucas vezes usou a palavra cerume. Isso pode dar origem a confusões. A cera pura, branca, pode ser encontrada em pequenos depósitos no ninho de alguns Meliponíneos, como tenho verificado na JATAÍ (*Tetragonisca angustula*). Algumas abelhas, com a MIRIM PREGUIÇA (*Friesella schrottky*) frequentemente usam cera branca na entrada do seu ninho, aparentemente sem misturar com própolis. Muitos autores do passado e alguns ainda

> (1996) designaram o cerume como cera, o que não está certo. São coisas parecidas mas diferentes. O cerume, como será visto a seguir, é uma mistura de cera e resinas vegetais. (NOGUEIRA NETO, 1997, p. 40).

Diferente da abelha *Apis mellifera* as abelhas sem ferrão reutilizam a cera, por isso a importância de fornecer restos de cera às abelhas, que pode até ser derretida em água fervendo.

Figura 99: Cera sendo derretida durante a fervura de água.

Fonte: O autor.

Após seu completo derretimento, e posterior esfriamento, a cera ficará por cima da água por ser menos densa do que ela. Esta cera solidificada pode ser fornecida às abelhas para que a reutilizem na ampliação de seu ninho.

Figura 100: Porção de cera solidificada após o seu derretimento.

Fonte: O autor.

12.2 CERUME

O cerume é uma substância produzida pelas abelhas a partir da mistura de cera e resinas coletadas nas plantas. Ele é usado para a construção dos potes de armazenamento de alimento (pólen e mel).

Segundo NOGUEIRA-NETO (1997):

> O cerume também é guardado em depósitos no interior dos ninhos. Às vezes, essa acumulação é constituída apenas por um engrossamento das paredes de potes ou de cabos de cerume. Outras vezes, porém, as abelhas guardam o cerume sob a forma de verdadeiras placas ou camadas espessas, postas diretamente sobre a madeira. (NOGUEIRA NETO, 1997, p. 48).

Figura 101: Estrutura de cerume para o armazenamento de alimento na colmeia de Jataí (*Tetragonisca angustula*).

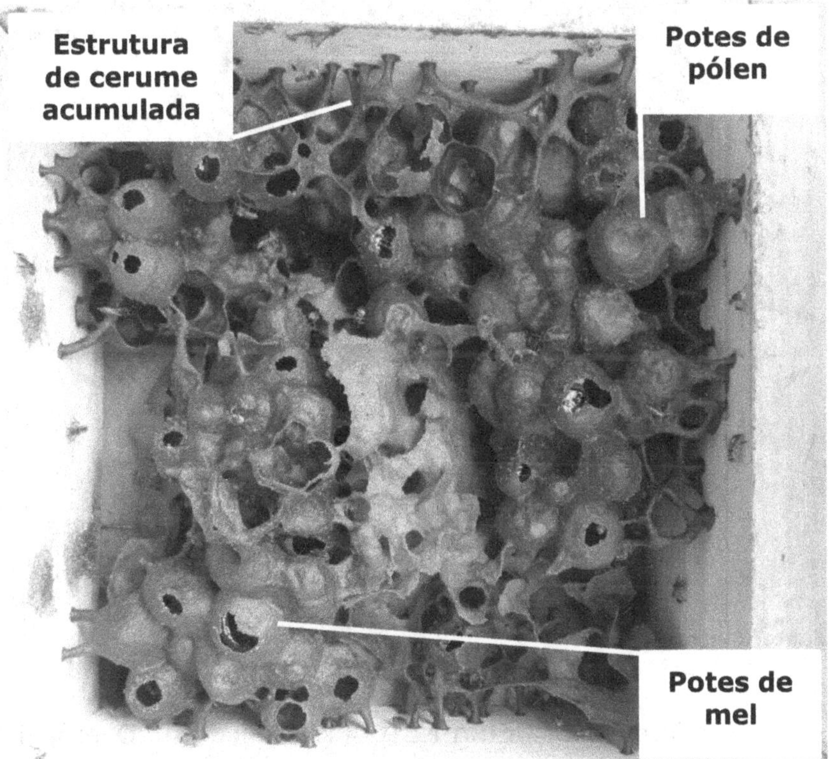

Fonte: O autor.

12.3 PRÓPOLIS

A vedação das frestas no oco das árvores ou nas caixas racionais é feita por uma substância chamada batume, constituída de cerume, composto de grande quantidade de própolis.

No início de sua produção, o própolis é mole, e geralmente, após certo tempo endurece.

Figura 102: Acúmulo de própolis mole em caixa racional de Mirim Droryana (*Plebeia droryana*). Própolis endurecido utilizado para a vedação de frestas.

Fonte: O autor.

Conforme NOGUEIRA-NETO (1997, p. 49) "O própolis provém geralmente de árvores feridas, danificadas ou, às vezes, perfuradas por brocas, ou seja, pelas larvas de certos insetos."

Figura 103: Vedação das frestas da caixa racional com própolis na colmeia de Mirim nigriceps (*Plebeia nigriceps*).

Fonte: O autor.

Ainda conforme NOGUEIRA-NETO (1997) algumas espécies de abelhas acumulam própolis que ao puxado forma um fio longo:

"Há contudo, espécies como a JATAÍ e as MIRINS (Plebeia spp), que possuem depósitos de um própolis extremamente viscoso. Se um pequeno estilete for imerso nos mesmos e puxado em seguida, forma-se um verdadeiro fio de própolis, surpreendentemente longo. (NOGUEIRA NETO, 1997, p. 49).

Figura 104: Fio de própolis mole na colmeia de Mirim-Guaçu (*Plebeia remota*).

Fonte: O autor.

116

12.4 INVÓLUCRO E CÉLULAS DE CRIA

O invólucro é feito de cera pura e é em seu interior onde estão os favos de cria.

Ele serve para manter o calor nos favos de cria. Porém, não são todas as espécies que o constroem e ele varia em forma e tamanho de uma espécie para outra.

Figura 105: Invólucro e favos de cria na colmeia de Jataí (*Tetragonisca angustula*).

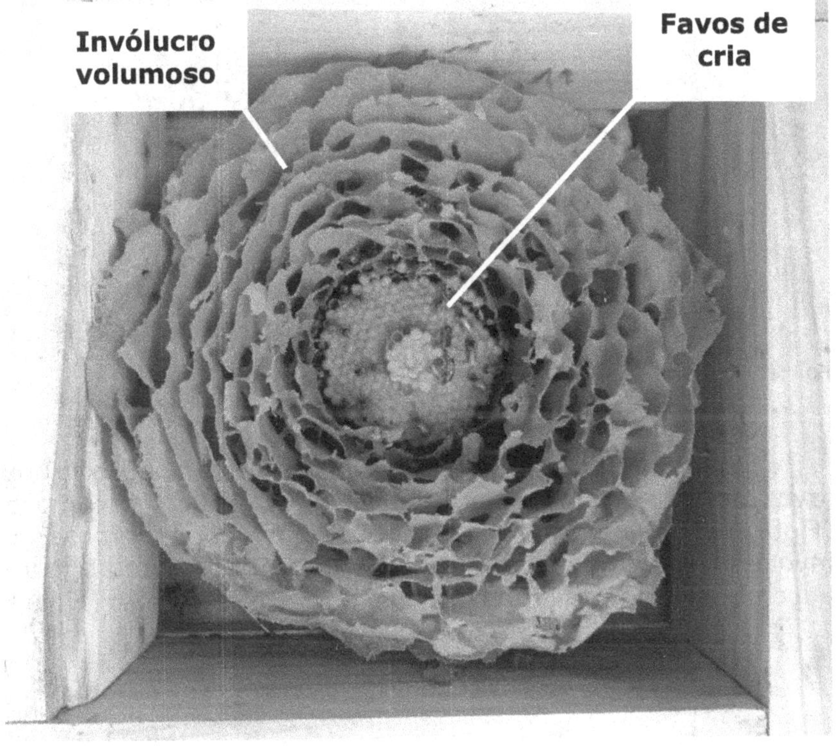

Fonte: O autor.

Figura 106: Invólucro modesto e favos de cria na colmeia de Mirim-Guaçu (*Plebeia remota*).

Fonte: O autor.

Enquanto na espécie Jataí (*Tetragonisca angustula*) os favos de cria estão no interior de um invólucro volumoso (Figura 105), na espécie Mirim-Guaçu (*Plebeia remota*) o invólucro é muito mais modesto (Figura 106) e totalmente ausente na espécie Mirim nigriceps (*Plebeia nigriceps*) (Figura 107).

Figura 107: Invólucro ausente e favos de cria na colmeia de Mirim nigriceps (*Plebeia nigriceps*).

Fonte: O autor.

12.5 POTES DE ALIMENTO

No interior do ninho das abelhas sem ferrão há pequenos potes unidos uns aos outros por estruturas de cerume.

Na maioria das espécies estão um pouco afastados dos favos de cria, porém podem estar encostados neles.

Estes potes são feitos de cerume ou de cera pura, dependendo da espécie. São nos potes de alimento, em separado, onde as abelhas estocam seu alimento, no caso, o pólen e o mel.

Vale destacar que o alimento que as abelhas estocam é para a sua sobrevivência. Portanto, a retirada de parte deste alimento, no caso o mel, deve ser de forma racional e não exploratória ou predatória.

12.5.1 PÓLEN

O pólen é a parte masculina da flor. Quando as abelhas visitam as flores, atraídas pela solução açucarada ali presente, transportam em seu corpo minúsculos grãos de pólen de uma flor a outra, contribuindo significativamente para a polinização cruzada.

Parte destes grãos de pólen também fica grudada nos pequenos pelos das corbículas, presentes no último par de patas traseiras, para então ser levado à colmeia e ser armazenado como fonte de proteína.

O pólen é também um importante componente nutricional para as larvas em crescimento.

Figura 108: Abelha da espécie Mirim Droryana (*Plebeia droryana*) com pólen em suas patas traseiras entrando na caixa racional.

Fonte: O autor.

12.5.2 MEL

As abelhas armazenam o pólen e o mel para sua sobrevivência, para períodos de escassez e para o inverno.

Porém, com um manejo adequado e racional é possível colher parte do mel para o consumo humano, como remédio ou como alimento.

O mel é um superalimento, um tipo de açúcar com alto valor energético. É o segundo alimento mais doce que existe na natureza, perdendo somente para as tâmaras.

A formação do mel inicia quando as abelhas campeiras visitam dezenas ou centenas de flores e encontram o néctar, uma espécie de solução aquosa açucarada. Mas, o néctar das flores não é a única matéria prima para as abelhas produzirem o mel, pois elas utilizam qualquer solução adocicada, como por exemplos sucos de frutas e até mesmo restos de líquidos doces descartados pelo ser humano, como por exemplo o refrigerante (Isso por que elas não sabem o mal que o refrigerante faz!).

As abelhas campeiras sugam o néctar (ou outro líquido açucarado) e o armazenam em seu abdômen, na vesícula melífera, uma bolsa ligada ao estômago. Durante o voo de volta ao ninho o néctar já está em processo de transformação. Ao chegar à colmeia as abelhas campeiras regurgitam esta solução adocicada na boca das outras abelhas mais jovens, as abelhas operárias, que engolem e regurgitam, após alguns minutos, nos potes de alimento.

Neste processo repetitivo de engolir e regurgitar o néctar é que são adicionadas duas enzimas, a invertase e a glicose oxidase, ambas produzidas pelas glândulas existentes na cabeça.

A enzima invertase transforma a sacarose (tipo de açúcar existente no néctar) em glicose e frutose (dois outros tipos de açúcares).

A glicose oxidase transforma a glicose em ácido glucônico (tornando o mel com acidez que varia do pH 3 a 4,5) e peróxido de hidrogênio (água oxigenada) que evita o desenvolvimento de micro-organismos e bactérias que fariam o mel fermentar.

É também neste trabalho repetitivo e colaborativo que boa parte da água existente na solução adocicada é retirada. Esta desidratação é auxiliada pelo bater de suas asas, que aquece e ventila o ambiente do ninho, favorecendo a evaporação da água do mel. Às vezes, a quantidade de água evaporada e condensada no interior da colmeia é tão grande que as abelhas precisam beber esta água para em seguida regurgitá-la no exterior do ninho.

A viscosidade do mel se dá justamente pela retirada da água, ou seja, quanto menos aquoso é o mel, mais viscoso ele se torna.

A umidade do mel das abelhas sem ferrão varia de 18% a 24%, dependendo da espécie.

Quando a quantidade de enzimas presentes no mel e a umidade forem adequadas, e os potes estiverem completamente cheios, as abelhas operárias fecham a parte superior dos potes e o processo de maturação do mel se inicia.

Figura 109: Potes de mel de abelhas da espécie Jataí (*Tetragonisca angustula*) recém produzidos, durante o ano, iniciando o processo de maturação.

Fonte: O autor.

Figura 110: Potes de mel de abelhas da espécie Jataí (*Tetragonisca angustula*) produzidos há mais de um ano.

Fonte: O autor.

Figura 111: Potes de mel de abelhas da espécie Jataí (*Tetragonisca angustula*) produzidos há mais de dois anos.

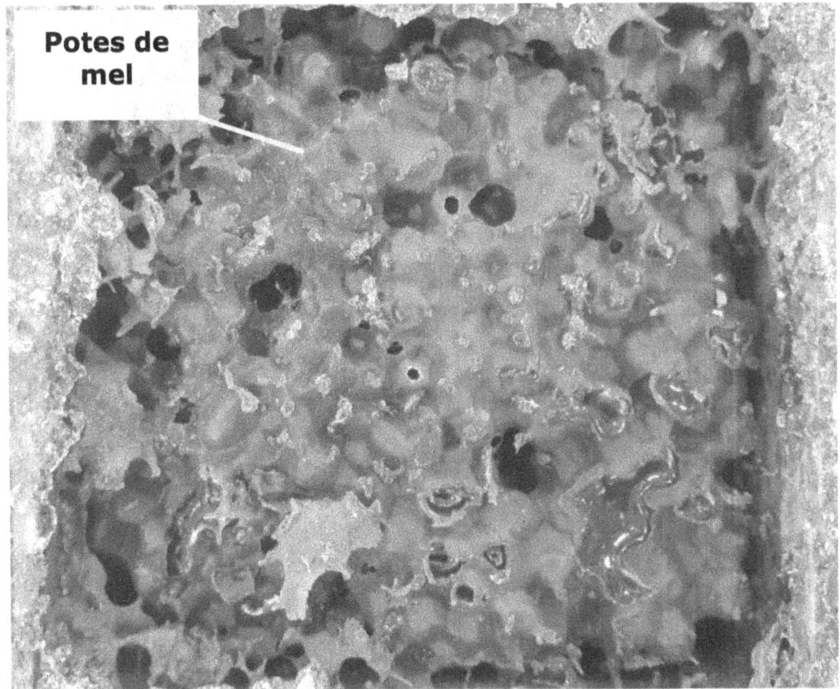

Fonte: O autor.

Figura 112: Potes de mel de abelhas da espécie Mirim-Guaçu (*Plebeia remota*).

Fonte: O autor.

O processo de produção, maturação e conservação do mel realizado pelas abelhas é tão sofisticado que torna o mel um alimento com uma durabilidade incrível.

Quando comercializado nas embalagens, o mel tem validade de até dois anos, segundo o Ministério da Agricultura, Pecuária e Abastecimento, porém arqueólogos encontraram potes de mel em tumbas egípcias ainda em perfeitas condições!

Figura 113: Potes de mel de abelhas da espécie Mirim nigriceps (*Plebeia nigriceps*).

Potes de mel

Fonte: O autor.

12.5.2.1 COLHEITA DO MEL

Em relação à obtenção de renda a partir da criação de insetos, dois grupos se destacam: o do bicho-da-seda que produz um fio de considerável valor comercial e o das abelhas que produz o mel, o própolis, a cera e o pólen.

Uma das vantagens da criação de abelhas nativas sem ferrão em caixas racionais é justamente a facilidade no momento da colheita do mel.

Após o trabalho incansável das pequenas abelhas, pode-se retirar parte do mel produzido por elas e armazená-lo em embalagens adequadas para o consumo ou para a comercialização, que pode ser direta ao consumidor, de porta em porta, ou em feiras de produtos orgânicos, para quem busca um mel de qualidade ou um produto com propriedades medicinais.

O mel das abelhas sem ferrão possui um valor agregado maior que o mel das abelhas com ferrão (*Apis Melífera*). Por isso, o meliponicultor precisa estar atento às normas de higiene e acondicionar este verdadeiro ouro líquido em condições que ele merece.

Conforme VENTURIERI (2008):

> Em geral, a procura de mel é maior que a oferta, especialmente quando a fonte é garantida e livre de adulterações. O meniponicultor tem sempre que preservar a qualidade de seu mel, tanto pela garantia de sua estocagem, quanto pela garantia se seu produto no mercado. (VENTURIERI, 2008, p. 60).

Ainda segundo VENTURIERI (2008) a colheita do mel:

> Deve ser realizada sempre que a melgueira estiver quase ou completamente cheia. Retira-se a melgueira e corta-se os potes de mel com uma faca; vira-se a melgueira de cabeça para baixo, em cima de uma peneira quadrada, um pouco maior que a melgueira; deixa-se escorrer por alguns minutos, até terminar de pingar. Deve-se proteger tudo das formigas e outras abelhas que serão atraídas pelo cheiro do mel e da cera. Para algumas espécies, essa operação é facilitada, quando realizada durante a noite, período em que as abelhas não voam e estão mais calmas, como é o caso da abelha canudo. (VENTURIERI, 2008, p. 58).

Para aumentar ainda mais a renda o meliponicultor pode vender o própolis, enxames, caixas racionais "normais" ou decorativas e agregar valor ao turismo rural.

Em relação à educação ambiental, principalmente em escolas, o meliponicultor pode ministrar palestras e cursos sobre como iniciar a criação de abelhas nativas sem ferrão.

Outra oportunidade da atividade é o aluguel de abelhas, que consiste em deixar caixas racionais com abelhas sem ferrão na propriedade do agricultor que necessita aumentar a polinização na época da florada, principalmente no interior de estufas.

Ou seja, embora pequenas, as possibilidades são grandes!

12.5.2.2 PROPRIEDADES NUTRICIONAIS E TERAPÊUTICAS DO MEL DAS ABELHAS NATIVAS SEM FERRÃO

As abelhas são os únicos insetos que produzem alimentos que são consumidos pelo ser humano.

O mel das abelhas é um produto saudável e rico em vitaminas, inclusive indicado como substituto do açúcar de cana na preparação de algumas receitas.

No entanto, como o mel das abelhas nativas sem ferrão é mais escasso e mais caro no mercado, a maioria das pessoas o utilizam para fins terapêuticos, como diz Flávia Janaina de Araújo Silva *et al* (2019) em seu artigo:

> O mel de abelhas nativas é conhecido como um alimento natural dotado de propriedades fitoterápicas muito conhecidas pela medicina popular devido suas propriedades bactericidas, anti-sépticas, expectorantes, anti-reumáticas, antioxidantes, laxante e outras. Por isso a maioria das pessoas utiliza o mel de abelhas sem ferrão (ASF) apenas com finalidade terapêutica, e não em função de seus atributos nutricionais. Além das propriedades medicinais, o mel de ASF possui ainda: ácidos orgânicos, flavonóides, hormônios, enzimas, água, sais minerais, vitaminas, bem como glicose, frutose e sacarose, ou seja, é uma fonte alimentar energética riquíssima. Enfim, o mel tem importância tanto para a saúde como na alimentação. (SILVA, 2019, não página).

Conforme SANTHOS (2011), as propriedades e indicações medicinais e terapêuticos do mel são:

> Ação dinamogênica (aumenta a resistência do organismo); ação ligeiramente aperitiva; ação febrífuga; ação sedativa (méis de aroma forte); suplemento alimentar; antisséptico (principalmente méis escuros); digestivo e laxativo; diurético e anti-anêmico (principalmente méis escuros). Indicações

para pessoas sadias: amenizar as insuficiências alimentares eventuais em aminoácidos, sais minerais, vitaminas, etc; facilitar a assimilação e digestão de outros alimentos; reforçar o organismo em luta contra as agressões; dar ao organismo maior resistência contra o cansaço físico e intelectual, em ocasião de atividades intensas; dar ao organismo melhor rendimento físico, principalmente aos atletas. Indicações para pessoas doentes: atraso de crescimento; astenia ou estado de cansaço (físico ou psíquico); anorexia ou perda de apetite; desnutrição (principalmente crianças); deficiência constitucional; má dentição. Área digestiva: anorexia ou perda de apetite; distúrbio de assimilação; insuficiência digestiva; intestino preso; úlceras gastroduodenais e infecções intestinais. Área cardiovascular e sanguínea: anemias (mais indicado o mel escuro); cardíacos e contra varizes. Área respiratória: infecção do olho, nariz, laringe, faringe (mais indicado o favo do mel); conjuntivite (pomada à base de mel); escrófula (tuberculose dos olhos); infecção dos brônquios e tosse de origens diversas. Área urinária: favorece a diurese; nefrites agudas; cistites e outras. Área neuropsíquica: nervosismo; insônia; depressão e tensão devido a hipoglicemia. Área dermatológica: feridas infeccionadas, úlceras e queimaduras (aplicação no local); prurido anal de algumas dermatoses e cicatrização. Área metabólica: emagrecimento e desnutrição sem etiologia precisa; certos estados diabéticos pouco graves (as doses devem ser pequenas no início e aumentando-as progressivamente, sempre sob o controle médico). Outras áreas: cãibras. (SANTHOS, 2011, não página).

13 CONSTRUÇÃO, MANUTENÇÃO E CUIDADOS COM O MELIPONÁRIO

Após construir as caixas racionais, capturar colônias e alocá-las em seu interior, deve-se escolher o local para a instalação do meliponário, que deve ser em local arejado, sombreado e as caixas cobertas com telhas de barro ou lajotas de cerâmica.

Figura 114: Caixas racionais instaladas em local arejado e sombreado.

Fonte: O autor.

Deve-se também observar e controlar o ataque dos inimigos naturais, que conforme VENTURIERI (2008) são os forídeos (pequenas moscas), moscona (mosca grande com cerca de 18 mm), formigas, grilos, lagartixas, pseudo-escorpiões, tamanduás, mucuras, iraras e outros mamíferos.

Os forídeos são moscas bem pequenas que voam muito rápido próximas à entrada do ninho. Se conseguirem entrar colocam seus ovos nos favos de cria ou nos potes de alimento abertos. Quando as larvas eclodem se alimentam das larvas das abelhas e do alimento larval destas, bem como devoram rapidamente o estoque de alimento das abelhas.

Figura 115: Larvas de forídeos consumindo todo o alimento estocado pelas abelhas na caixa racional atacada.

Fonte: O autor.

Figura 116: Larvas de forídeos se alimentando do mel na caixa racional atacada.

Fonte: O autor.

Para controlar esta praga deve-se instalar armadilhas com vinagre.

A armadilha pode ser uma pequena garrafa PET com furos nas laterais em tamanho que permitam somente a entrada dos forídeos e não das abelhas.

Outro problema são as formigas. Elas podem acessar o interior do ninho por frestas existentes nas caixas. Por isso, é muito importante vedá-las com fita crepe, principalmente as caixas racionais com colmeias recém instaladas.

Para evitar a aproximação das formigas nas caixas pode-se fixar em seu suporte um pano de algodão embebido em óleo queimado ou dispor as caixas sobre cavaletes com protetores que impeçam a escalada das formigas.

Na imagem a seguir pode-se ver uma caixa racional totalmente atacada por formigas. Após devorarem os suprimentos de alimento das abelhas e acabar com as abelhas, fixaram no interior da caixa.

Figura 117: Colmeia atacada por formigas.

Fonte: O autor.

Outro inimigo natural muito comum que ataca as abelhas nativas sem ferrão são as abelhas da espécie *Lestrimelitta limao*, popularmente conhecida como Iratim, Iraxim, Arancim, Aratim, Sete-Portas, Limão, Limão-Canudo ou Abelha-Limão, pois exala um forte cheiro de limão.

Esta espécie de abelhas não produz mel para sua sobrevivência, por isso vive exclusivamente de saques do mel produzido pelas outras abelhas. Por isso, é conhecida como abelhas pilhadoras.

Elas atacam a entrada das caixas racionais exalando uma substância que desorienta as abelhas sentinelas e ao entrar na colmeia, saqueiam o mel e devoram as larvas em desenvolvimento nas células de cria.

Se a colônia for forte o suficiente, conseguem se defender ao ataque e impedem a sua entrada, mas se a colônia for fraca, conseguem entrar e podem até mesmo provocar a sua morte.

Figura 118: Caixa racional de abelhas Jataí *(Tetragonisca angustula)* sendo atacada pelas abelhas da espécie Iratim (*Lestrimelitta limao*).

Fonte: O autor.

No chão, em frente à caixa, muitas abelhas brigando, lutam até a morte para impedir a entrada das invasoras. Verdadeiras guerreiras!

Figura 119: Abelhas Jataí (*Tetragonisca angustula*), no chão, brigando até a morte com as abelhas da espécie Iratim (*Lestrimelitta limao*).

Fonte: O autor.

Felizmente a colônia era forte e as abelhas Jataí (*Tetragonisca angustula*) impediram a entrada das abelhas Iratim (*Lestrimelitta limao*).

Na ocasião, fazendo uma revisão interna da caixa racional, percebeu-se que a forma utilizada pelas abelhas Jataí para impedir a entrada das abelhas Iratim foi a obstrução da entrada com própolis mole e abelhas Jataí que se sacrificaram!

Na imagem a seguir outro ataque. Desta vez na colmeia de abelhas da espécie Mirim Droryana (*Plebeia droryana*). Como esta espécie é mais fraca e procura se esconder, quem venceu a batalha foram as abelhas da espécie Iratim (*Lestrimelitta limao*).

Todas as larvas nas células de cria foram devoradas e a abelha rainha encontrava-se muito debilitada sobre as células de cria vazias.

Apesar do desânimo e falta de esperança de recuperação, felizmente a colônia se recuperou, pois não houve confronto entre as abelhas e nenhuma morreu.

Figura 120: Colmeia de abelhas Mirim Droryana (*Plebeia droryana*) atacada pelas abelhas da espécie Iratim (*Lestrimelitta limao*).

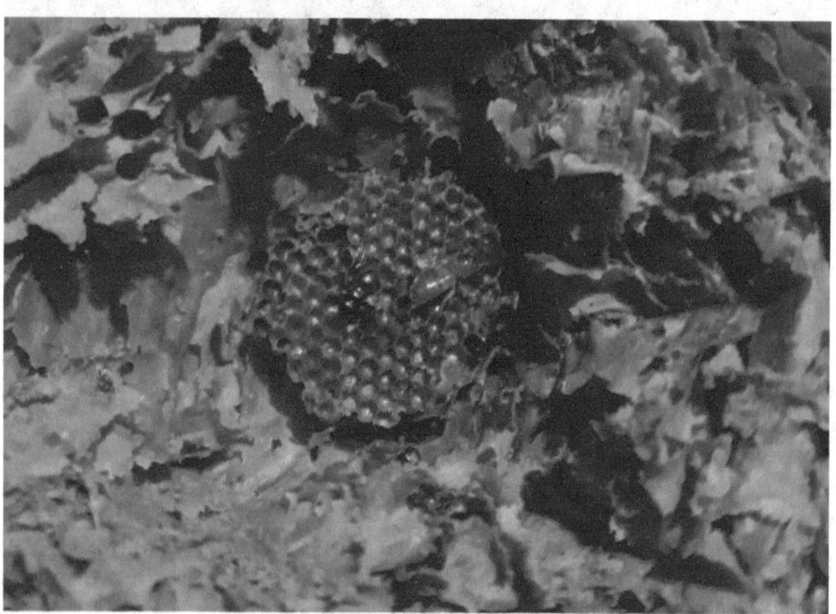

Fonte: O autor.

A colmeia de abelhas da espécie Iratim (*Lestrimelitta limao*) chega ser assustadora.

O tubo de entrada central, rodeado de falsas entradas, permite um fluxo intenso das abelhas.

Figura 121: Entrada do ninho de abelhas da espécie Iratim (*Lestrimelitta limao*).

Fonte: O autor.

13.1 ALIMENTAÇÃO ARTIFICIAL

Periodicamente, deve-se revisar as caixas racionais a fim de identificar se o alimento estocado pelas abelhas é o suficiente.

Figura 122: Revisão das caixas racionais pelo autor a fim de verificar a quantidade de alimento disponível.

Fonte: O autor.

No caso de colmeias "fracas", com poucas abelhas e pouco alimento estocado, deve-se, segundo ALONSO (2010), fornecer-lhes mel, que pode ser de *Apis melífera* diluído em quatro partes de mel para uma de água ou preparar e fornecer um xarope produzido a partir de uma parte de açúcar cristal misturado em uma parte de água, deixando a mistura ferver por uns dois minutos.

Após deixar o xarope esfriar, deve-se fornecer o alimento dentro da caixa em pequenos recipientes, por exemplo em uma tampa de garrafa PET.

Recomenda-se colocar alguns gravetos ou pedaços de cera ou cerume no recipiente contendo o xarope para evitar que as abelhas se afoguem.

Figura 123: Fornecimento de alimentação artificial em colmeia "fraca".

Fonte: O autor.

ANEXO

RESOLUÇÃO Nº 496, DE 19 DE AGOSTO DE 2020 Publicada em: 20/08/2020 | Edição: 160 | Seção: 1 | Página: 91

Disciplina o uso e o manejo sustentáveis das abelhas-nativas-sem-ferrão em meliponicultura.

O CONSELHO NACIONAL DO MEIO AMBIENTE-CONAMA, no uso das competências que lhe são conferidas pela Lei nº 6.938, de 31 de agosto de 1981, regulamentada pelo Decreto nº 99.274, de 6 de junho de 1990, e tendo em vista o disposto no seu Regimento Interno, resolve:

Art. 1º Esta Resolução disciplina o uso e o manejo sustentáveis das abelhas-nativas-sem-ferrão em meliponicultura.

Art. 2º Para fins desta Resolução entende-se por:

I - Abelhas-nativas-sem-ferrão: insetos da Ordem Hymenoptera, Família Apidae, Subfamília Apinae, Tribo Meliponini, que possuem ferrão atrofiado e hábito social;

II - Colmeia: caixa ou estrutura física que abriga a colônia de abelhas-nativas-sem-ferrão;

III - Colônia: Conjunto de indivíduos da mesma espécie composto por rainha e sua prole, em seu ninho;

IV - Manejo para multiplicação: atividade realizada pelo meliponicultor com a finalidade de obter novas colônias;

V - Matriz-silvestre: colônia obtida da natureza;

VI - Matriz de multiplicação: colônia obtida a partir da matriz-silvestre ou de multiplicações subsequentes;

VII - Meliponários: locais destinados à criação de abelhas-nativas-sem-ferrão, composto de um conjunto de colônias alojadas em colmeias especialmente preparadas para o manejo e manutenção dessas espécies;

VIII - Meliponicultor: criador de abelhas-nativas-sem-ferrão;

IX - Meliponicultura: atividade de criação de abelhas-nativas-sem-ferrão;

X - Recipientes-isca: recipientes deixados no ambiente com a finalidade de obter colônia de abelhas-nativas-sem-ferrão;

XI - Resgate: colônias coletadas, mediante autorização do órgão ambiental competente, em áreas de supressão vegetal ou em situação de risco alojadas em cavidades naturais ou artificiais; e

XII - Produtos e subprodutos de abelha-nativas-sem-ferrão: mel, favo de cria, cerume, própolis, geoprópolis, pólen, cera e partes da colônia.

Art. 3º O uso e manejo de abelhas-nativas-sem-ferrão dependerá de ato autorizativo do órgão ambiental competente, após análise dos seguintes requisitos mínimos:

I - relação das espécies requeridas;

II - localização do meliponário, com coordenadas geográficas;

III - CNPJ ou CPF;

IV - informação sobre a obtenção das colônias para o plantel inicial.

§1º Os procedimentos para concessão do ato autorizativo e sua renovação serão definidos pelos órgãos ambientais competentes.

§2º Após a sua autorização, e registro na plataforma nacional instituída pela Resolução CONAMA nº 487, de 15 de maio de 2018, pelo órgão ambiental competente, o meliponário deve ser inscrito no Cadastro Técnico Federal de Atividades Potencialmente Poluidoras ou Utilizadoras de Recursos Ambientais - CTF.

§3º São dispensados de autorização ambiental o uso e manejo sem exploração econômica de até 49 (quarenta e nove) colônias.

§4º A troca de colônias ou a permuta será permitida para o melhoramento genético ou diversificação da espécie para atividade de manutenção de colônias sem finalidade comercial ou econômica, para produtores dentro de um mesmo bioma de até 49 colônias.

Art. 4º O funcionamento do estabelecimento comercial de venda de produtos e subprodutos previstos no inciso XII do art. 2º é dispensável de autorização ambiental, exceto quando envolver partes da colônia ou espécimes.

Parágrafo único. Após autorização e registro na plataforma nacional instituída nos termos do art. 7º da Resolução CONAMA nº 487, de 2018, pelo órgão ambiental competente, o estabelecimento comercial de partes de colônia e de espécimes deve se inscrever no CTF/APP, na forma da respectiva regulamentação.

Art. 5º O meliponário regularmente autorizado poderá comercializar colônias, ou parte delas, desde que seja resultado de multiplicação das suas matrizes.

Art. 6º A obtenção de colônias matrizes para meliponicultura deverá ser autorizada pelo órgão ambiental competente, mediante:

I - apanha na natureza por meio de recipiente-isca;

II - aquisição de meliponário devidamente autorizado;

III - depósito pelo órgão ambiental competente; ou

IV - resgate de colônias.

Parágrafo único - É dispensada a solicitação de autorização de apanha na natureza por meio de instalação de recipientes-iscas, para a aquisição e manutenção de criatórios de produtores com até 49 colônias e sem fins comerciais.

Art. 7º A criação de abelhas-nativas-sem-ferrão será restrita à região geográfica de ocorrência natural das espécies, de acordo com o indicado no Catálogo Nacional de Abelhas-Nativas-Sem-Ferrão, a ser publicado pelo Instituto Chico Mendes de Conservação de Biodiversidade - Instituto Chico Mendes.

Parágrafo único. A criação de espécies de abelhas-nativas-sem-ferrão fora da região de sua ocorrência natural poderá ser autorizada pelo órgão ambiental competente, segundo sua análise de risco.

Art. 8º O órgão competente observará os planos de ação nacionais e estaduais para conservação de espécies ameaçadas de extinção de abelhas-nativas-sem-ferrão no processo autorizativo de meliponicultura.

Art. 9º Os meliponicultores, inscritos no CTF até a data da publicação desta resolução, devem requerer o ato autorizativo da atividade junto ao órgão ambiental competente no prazo de 365 dias a partir da data da publicação desta resolução.

§1º Até a conclusão da análise do requerimento pelo órgão ambiental competente, o meliponicultor:

I - poderá manter suas colônias sendo vedada sua alienação;

II - poderá comercializar produtos, sub-produtos e serviços de polinização, exceto partes da colônia;

III - não poderá proceder por qualquer meio a captura na natureza;

IV - não poderá proceder a multiplicação de colônia, exceto meliponicultores com até 49 colônias.

§ 2º A multiplicação prevista no inciso IV do § 1º fica limitada a 50% do plantel existente desde que este plantel, somado ao resultado da multiplicação, não ultrapasse o limite final de 49 colônias.

Art. 10. Os órgãos ambientais competentes terão o prazo de 180 dias, a partir da data do requerimento, para deferimento ou indeferimento das autorizações.

§1º O prazo de que trata o caput será interrompido na hipótese de pedido de complementação de documentos e retomado a partir da sua entrega.

§2º O prazo de que trata o caput só contará a partir da publicação do catálogo previsto no art. 7º.

Art. 11. O Instituto Chico Mendes publicará em até 180 dias o catálogo de que trata o art. 7º, a partir da data de publicação desta resolução.

Art. 12. O não-cumprimento ao disposto nesta Resolução sujeitará aos infratores, entre outras, às penalidades e sanções previstas na legislação.

Art. 13. O cumprimento das exigências constantes nesta Resolução não isenta o meliponicultor de atender às exigências sanitárias e outras previstas na legislação vigente.

Art. 14. Fica revogada a Resolução nº 346, de 17 de agosto de 2004.

Art. 15. Esta Resolução entra em vigor na data de sua publicação.

RICARDO SALLES

Presidente do Conselho

FONTES CONSULTADAS

ABELHAS JATAÍ. Disponível em:
<http://www.abelhasjatai.com.br/as-abelhas-jatai/>. Acesso
em: 12 mar 2019.

ALISSON, Elton. **Abelhas removem larvas mortas para
reduzir transmissão de doenças.** Disponível em:
<http://www.abelhasjatai.com.br/artigos/abelhas-removesao-
de-doencas/>. Acesso em: 25 ago 2020.

ALONSO, Pierre J. Abelha sem ferrão. **Globo Rural**. São Paulo,
Editora Globo S.A., ano 25, n. 297, jul., 2010.

ANATOMIA DAS ABELHAS: estrutura corporal completa.
Disponível em: <https://www.mel.com.br/anatomia-das-
abelhas/>. Acesso em: 14 jun 2020.

ANATOMIA. Disponível em: <https://abelha.org.br/anatomia-
das-abelhas/>. Acesso em: 14 jun 2020.

ANDRADE, Lília de Lima. **Abelha.** Disponível em:
<https://www.infoescola.com/insetos/abelha/>. Acesso em:
01 mar 2019.

BARBOSA, Bruno Corrêa. **Abelhas Solitárias e o
Ecossistema.** Disponível em:
<https://www.infoescola.com/ecologia/abelhas-solitarias-e-o-
ecossistema/>. Acesso em: 21 jun 2020.

DIÁRIO OFICIAL DA UNIÃO. **Resolução nº 496, de 19 de
agosto de 2020.** Disponível em: <
https://www.in.gov.br/en/web/dou/-/resolucao-n-496-de-19-
de-agosto-de-2020-273217120>. Acesso em: 21 nov 2020.

ELÍSIOS, Milena. **Como as abelhas produzem o mel?** Disponível em: <https://socientifica.com.br/como-as-abelhas-produzem-o-mel/>. Acesso em: 25 jul 2020.

GELEIA REAL: o que é? Saiba como ela é produzida. Disponível em: <https://www.mel.com.br/geleia-real/>. Acesso em: 07 out 2019.

Guia Ilustrado das Abelhas "Sem-Ferrão" das Reservas Amanã e Mamirauá, Brasil (Hymenoptera, Apidae, Meliponini) /Favízia Freitas de Oliveira, Bárbara Tadzia Trautman Richers, Jacson Rodrigues da Silva, Rinéias Cunha Farias,Tércio Alves de Lima Matos. Tefé: IDSM, 2013.

MEL NO EGITO. Disponível em: <http://gloria-ao-egito.blogspot.com/2009/09/mel-no-egito.html>. Acesso em: 15 abril 2019.

MERCEDES, Mariane. **A importância da polinização realizada pelas abelhas nativas, que promovem a biodiversidade brasileira.** Disponível em: <http://sosabelhassemferrao.com.br/site/importancia-da-polinizacao-realizada-pelas-abelhas-nativas-que-promovem-biodiversidade-brasileira/>. Acesso em: 06 jan 2020.

NOGUEIRA-NETO, Paulo. **Vida e Criação de Abelhas indígenas sem ferrão.** São Paulo: Editora Nogueirapis, 1997. Disponível em: <http://eco.ib.usp.br/beelab/pdfs/livro_pnn.pdf>. Acesso em: jun de 2018.

O QUE FAZ O MEL SER 'ETERNO' E NÃO ESTRAGAR? Disponível em: <https://www.bbc.com/portuguese/geral-40763802>. Acesso em: 25 jun 2020.

PEREIRA, Fábia de Mello. **Instalação e manejo de meliponário** / Fábia de Mello Pereira, Bruno de Almeida Souza, Maria Teresa do Rêgo Lopes. - Teresina: Embrapa Meio-Norte, 2010.

PINHEIRO, Gerson. **Além da polinização: melitocoria, a dispersão de sementes por abelhas sem ferrão.** Disponível em: <http://sosabelhassemferrao.com.br/site/alem-da-polinizacao-dispersao-de-sementes-por-abelhas-sem-ferrao/>. Acesso em: 06 jan 2020.

PINHEIRO, Gerson. **Como capturar abelhas sem ferrão?** Disponível em: <http://sosabelhassemferrao.com.br/site/como-capturar-abelhas-sem-ferrao/>. Acesso em: 10 mar 2019.

PLANALTO. **Constituição da República Federativa do Brasil.** Disponível em: <http://www.planalto.gov.br/ccivil_03/constituicao/constituicao.htm>. Acesso em: 21 nov 2020.

ROMANZOTI, Natasha. **Errados por décadas: não é a geleia real que cria uma abelha rainha.** Disponível em: <https://hypescience.com/nao-e-a-geleia-real-que-cria-uma-abelha-rainha/#:~:text=Durante%20d%C3%A9cadas%2C%20os%20cientistas%20pensavam,rainhas%20n%C3%A3o%20comem%20que%20importa.>. Acesso em: 05 jan 2020.

SANTHOS, Juliano. **Os benefícios medicinais do mel das abelhas jataí.** Disponível em: <https://abelhasemferrao.webnode.pt/os-beneficios-medicinais-do-mel-das-abelhas-jatai/>. Acesso em: jun de 2018.

SANTOS, Luana Guimarães. **Botando ordem na casa, a divisão de tarefas nas abelhas sem ferrão.** Disponível em: <http://sosabelhassemferrao.com.br/site/botando-ordem-na-casa-divisao-de-tarefas-nas-abelhas-sem-ferrao/>. Acesso em: 08 jan 2020.

SILVA, Flávia Janaina de Araújo. et al. **Mel de abelhas nativas como produto fitoterápico e/ou alimentar na**

região do Cariri Paraibano. Disponível em:
https://www.gvaa.com.br/revista/index.php/CVADS/article/vie
w/6917. Acesso em: 05 set 2020.

VENTURIERI, Giorgio Cristino. **Criação de abelhas indígenas
sem ferrão**. 2. ed. ver. amp. Belém, PA: Embrapa Amazônia
Oriental, 2008.

VILLAS-BÔAS, Jerônimo. **Manual Tecnológico: Mel de
Abelhas sem Ferrão.** Brasília – DF. Instituto Sociedade,
População e Natureza (ISPN). Brasil, 2012.

SOBRE O AUTOR

Rubie José Giordani

Nasceu na cidade de Palmitos, no estado de Santa Catarina e desde seus cinco anos mora na cidade de Guaporé no Rio Grande do Sul. É professor desde 2002 e seu gosto pela escrita se iniciou em 2010 quando teve a ideia de escrever um romance de Física. Em abril de 2010 sua filha Sarah nasceu e alguns livros foram inspirados por ela, os quais dedica com muito carinho.

Contatos com o autor e Blog:

 rubiegiordani@gmall.com

 054 9 9995 7602

 https://rubieautor.blogspot.com/

OBRAS DO AUTOR

Do Projeto ao
Relatório de Pesquisa
Desenvolvendo o espírito científico
TCC
Rubie Giordani

A IMPORTÂNCIA DA
MATEMÁTICA
NA FÍSICA
PARA DOCENTES E DISCENTES
RUBIE GIORDANI

RUBIE GIORDANI
MATEMÁTICA
FINANCEIRA
COM A CALCULADORA CIENTÍFICA

RUBIE GIORDANI
MATEMÁTICA
FINANCEIRA
COM A CALCULADORA
FINANCEIRA HP 12C

CALCULADORA
CIENTÍFICA
NO ENSINO MÉDIO E SUPERIOR
RUBIE GIORDANI

CARNEIRO
HIDRÁULICO
UMA ALTERNATIVA SUSTENTÁVEL
RUBIE GIORDANI

RUBIE GIORDANI
MICROSOFT
WORD
QUALIDADE NA CRIAÇÃO
E EDIÇÃO DE TEXTOS

RUBIE GIORDANI
MICROSOFT
EXCEL
PRINCIPAIS FERRAMENTAS

**Para adquirir os livros do autor,
acesse este link**

https://rubieautor.blogspot.com/p/blog-page_28.html

LISTA DE ILUSTRAÇÕES

Figura 1: Transferência da primeira colmeia para uma caixa de madeira. 7
Figura 2: Caixa de madeira com a primeira colmeia transferida. .8
Figura 3: Distribuição das abelhas no mundo........................ 11
Figura 4: Distribuição geográfica das abelhas nativas sem ferrão nas regiões tropicais e subtropicais do mundo........................ 12
Figura 5: Hotel para abelhas solitárias. 13
Figura 6: Ninho de Jataí (*Tetragonisca angustula*) em tronco oco de Cerejeira. 14
Figura 7: Estrutura natural de uma colmeia de abelhas nativas sem ferrão em tronco oco de árvore.. 15
Figura 8: Caixa racional fixada em muro com uma colmeia de Jataí (*Tetragonisca angustula*) em seu interior. 16
Figura 9: Ninho de Jataí (*Tetragonisca angustula*) construído dentro de caixa racional com células de cria, invólucro de cera e potes de alimentos. 17
Figura 10: Caixas racionais afixadas no muro da casa do autor em que ele e sua filha observam a atividade das abelhas sem ferrão. 23
Figura 11: Caixas racionais decorativas na varanda de uma residência... 23
Figura 12: Caixa racional decorativa. 24
Figura 13: Principais partes de uma operária de abelha sem ferrão 25
Figura 14: Abelhas operárias da espécie Mirim Droryana (*Plebeia droryana*) construindo os favos de cria dentro de caixa racional. 30
Figura 15: Abelhas Jataí (*Tetragonisca angustula*) protegendo a entrada do ninho construído na parte oca de uma árvore na mata nativa. 31
Figura 16: Abelhas Jataí (*Tetragonisca angustula*) protegendo a entrada do ninho construído na parte oca de um muro na área urbana. 31
Figura 17: Abelhas Jataí (*Tetragonisca angustula*) protegendo a entrada do ninho construído dentro de uma caixa racional. 32

Figura 18: Centenas de zangões de Jataí (*Tetragonisca angustula*) voando ao redor do ninho com a rainha recém fecundada.........33

Figura 19: Centenas de zangões de Jataí (*Tetragonisca angustula*) nas folhas da árvore com o ninho-isca com a rainha recém fecundada. 33

Figura 20: Inúmeros zangões próximos ao ninho-isca no dia da fecundação da rainha. 34

Figura 21: Comparação entre o tamanho da abelha rainha em relação à abelha operária na colmeia de Mirim Droryana (*Plebeia droryana*)..35

Figura 22: Comparação entre o tamanho da abelha rainha em relação à abelha operária na colmeia de Jataí (*Tetragonisca angustula*)...36

Figura 23: Comparação entre o tamanho da abelha rainha em relação à abelha operária na colmeia de Guaraipo (*Melipona bicolor*)...36

Figura 24: Comparação entre o tamanho da abelha rainha em relação à abelha operária na colmeia de Mirim-Guaçu (*Plebeia remota*). 37

Figura 25: Abelha rainha da espécie Jataí (*Tetragonisca angustula*) se escondendo ao perceber a abertura da caixa racional..........40

Figura 26: (1) Alvéolos abertos com alimento e à espera da postura pela rainha. (2) Alvéolos sendo fechados, já com o ovo depositado sobre o alimento. (3) Diversos alvéolos fechados, já com ovos em fase de desenvolvimento em uma colmeia de Mirim-Guaçu (*Plebeia remota*)...41

Figura 27: Colmeia de Mirim nigriceps (*Plebeia nigriceps*). (1) Cria madura, mais clara. (2) Cria verde, mais escura. 42

Figura 28: Favos de cria com células de operárias e uma célula real. 43

Figura 29: Ciclo de vida das abelhas nativas sem ferrão desde o ovo até a fase adulta. 44

Figura 30: Esquema de uma colmeia de abelhas nativas na parte oca de um tronco de árvore. 46

Figura 31: Colmeia de abelhas nativas na parte oca de um tronco de árvore. 47

Figura 32: Colmeia de abelhas nativas retirada do espaço oco entre um muro de contenção e a terra.......................................48

Figura 33: Colmeia de Jataí (*Tetragonisca angustula*) em tronco oco de eucalipto seco com entrada a 20 cm do solo. 49

Figura 34: Colmeia de Jataí (*Tetragonisca angustula*) com entrada a 5 cm do solo. 50
Figura 35: Colmeia de Jataí (*Tetragonisca angustula*) com entrada a 1,5 m do solo. 50
Figura 36: Colmeia de Mirim-Guaçu (*Plebeia remota*) em tronco oco de gabirobeira viva com entrada a 40 cm do solo. 51
Figura 37: Colmeia de Jataí (*Tetragonisca angustula*) com entrada dupla a 2 m do solo. 51
Figura 38: Colmeia de Jataí (*Tetragonisca angustula*) em tronco oco de plátano vivo com entrada a 2 m do solo. 52
Figura 39: Colmeia de Mirim Droryana (*Plebeia droryana*) na parte oca da base de uma varanda. 53
Figura 40: Colmeias de Mirim preguiça (*Friesella schrottkyi*) em muros de contenção. 54
Figura 41: Colmeia de Jataí (*Tetragonisca angustula*) no alicerce de uma residência de alvenaria com tudo de entrada exposto de aproximadamente 20 cm de comprimento. 55
Figura 42: Entrada da colmeia de Mandaçaia (*Melipona quadrifasciata*). 56
Figura 43: Entrada da colmeia de Tubuna (*Scaptotrigona bipunctata*). 57
Figura 44: Entrada da colmeia de Manduri (*Melipona marginata*). 57
Figura 45: Entrada da colmeia de Mandaguari (*Scaptotrigona pastica*). 58
Figura 46: Entrada da colmeia de Iraí (*Nannotrigona testacecornis*). 58
Figura 47: Entrada da colmeia de Mirim nigriceps (*Plebeia nigriceps*). 59
Figura 48: Entrada da colmeia de Mirim Droryana (*Plebeia droryana*). 59
Figura 49: Entrada da colmeia de Mirim-Guaçu (*Plebeia remota*). 60
Figura 50: Entrada da colmeia de Jataí (*Tetragonisca angustula*). 60
Figura 51: Entrada da colmeia de Jataí (*Tetragonisca angustula*) fechada em dia frio de inverno, mesmo com sol, em caixa racional. 61
Figura 52: Entrada da colmeia de Jataí (*Tetragonisca angustula*) fechada em dia frio de inverno, mesmo com sol, na mata nativa. 62

Figura 53: Entrada da colmeia de Jataí (*Tetragonisca angustula*) fechada à noite de verão, em caixa racional. 62
Figura 54: Atrativo obtido a partir da diluição da cera e própolis em álcool. 66
Figura 55: Atrativo no interior da garrafa PET....................67
Figura 56: Garrafa PET embalada com papelão....................68
Figura 57: Garrafa PET forrada com lona plástica preta....................69
Figura 58: Entrada do ninho-isca feito com a parte superior de garrafa PET afixada em joelho de mangueira de 3/4 de polegada. 70
Figura 59: Ninho-isca feito de caixa de leite instalado entre galhos de uma árvore nativa. 71
Figura 60: Ninho-isca feito de garrafa PET instalado em espaço oco do tronco de uma árvore nativa. 72
Figura 61: Ninho-isca camuflado e instalado entre os troncos de um eucalipto. 73
Figura 62: Ninho-isca camuflado e instalado em espaço vazio no tronco de um eucalipto. 74
Figura 63: Ninho-isca com a rainha recém fecundada e em processo de construção da colmeia em seu interior....................75
Figura 64: Peças de madeira para construir uma caixa racional. 78
Figura 65: Sequência de montagem das gavetas. 80
Figura 66: Oito pregos para afixar arame. 81
Figura 67: Esticamento do arrame nas gavetas. 82
Figura 68: Batimento dos pregos....................83
Figura 69: Tela de arame formada no fundo das gavetas. 83
Figura 70: Sequência de montagem da parte externa da caixa racional....................84
Figura 71: Ripas pregadas no fundo da caixa para manter a gaveta do ninho elevada em relação ao fundo da caixa racional. 85
Figura 72: Lixo depositado no fundo da caixa racional. 86
Figura 73: Abelha Mirim Droryana (*Plebeia droryana*) levando em sua boca uma porção de lixo para fora da caixa racional....................87
Figura 74: Lado de trás da caixa racional....................88
Figura 75: Dobradiças facilitam a abertura da parte traseira da caixa. 88
Figura 76: Ripas na parte inferior da tampa para manter a porta traseira fechada. 89
Figura 77: Tampa encaixada na parte superior da caixa racional. 89

Figura 78: Furo de entrada das abelhas na caixa racional........90
Figura 79: Dois plásticos com um furo de 7 cm de diâmetro no centro.........91
Figura 80: Quatro plásticos com furos de 1 cm de diâmetro em cada canto.........92
Figura 81: Primeira gaveta (gaveta do ninho) com dois plásticos com furos de 7 cm de diâmetro no centro. 93
Figura 82: Segunda gaveta com dois plásticos com furos de 1 cm em cada canto. 94
Figura 83: Terceira gaveta com dois plásticos com furos de 1 cm em cada canto. 95
Figura 84: Quarta gaveta com plástico preto sem furos. 96
Figura 85: Caixa racional pronta para receber uma colmeia de abelhas sem ferrão capturada com ninho-isca.........97
Figura 86: Ninho-isca com uma colônia de abelhas sem ferrão em seu interior.........98
Figura 87: Ninho-isca aberto e disposição das partes do ninho. 99
Figura 88: Invólucro de cera com favos de cria acomodado na primeira gaveta da caixa racional.........100
Figura 89: Colocação dos dois plásticos com o furo central de 7 cm de diâmetro sobre a primeira gaveta (gaveta do ninho).........101
Figura 90: Colocação da segunda gaveta sobre os dois plásticos. 102
Figura 91: Acomodação dos potes de alimento e restos de cera na segunda gaveta da caixa racional.........103
Figura 92: Disposição dos dois plásticos com furos de 1 cm de diâmetro em cada canto. 104
Figura 93: Disposição da terceira gaveta e seu plástico........105
Figura 94: Disposição da quarta gaveta e seu plástico. 105
Figura 95: Fixação da caixa racional sobre barrote de madeira. 106
Figura 96: Quatro furos dos cantos fechados com cera. 107
Figura 97: Reaproveitamento de cera e consumo de parte do alimento pelas abelhas durante a reorganização da colmeia na caixa racional.........108
Figura 98: Comparação entre o tamanho do invólucro de cera na primeira gaveta da caixa racional após dois meses da transferência. 109
Figura 99: Cera sendo derretida durante a fervura de água. .. 111
Figura 100: Porção de cera solidificada após o seu derretimento. 112

Figura 101: Estrutura de cerume para o armazenamento de alimento na colmeia de Jataí (*Tetragonisca angustula*)........... 113

Figura 102: Acúmulo de própolis mole em caixa racional de Mirim Droryana (*Plebeia droryana*). Própolis endurecido utilizado para a vedação de frestas............... 114

Figura 103: Vedação das frestas da caixa racional com própolis na colmeia de Mirim nigriceps (*Plebeia nigriceps*)..................... 115

Figura 104: Fio de própolis mole na colmeia de Mirim-Guaçu (*Plebeia remota*)................. 116

Figura 105: Invólucro e favos de cria na colmeia de Jataí (*Tetragonisca angustula*)................... 117

Figura 106: Invólucro modesto e favos de cria na colmeia de Mirim-Guaçu (*Plebeia remota*)................... 118

Figura 107: Invólucro ausente e favos de cria na colmeia de Mirim nigriceps (*Plebeia nigriceps*)................... 119

Figura 108: Abelha da espécie Mirim Droryana (*Plebeia droryana*) com pólen em suas patas traseiras entrando na caixa racional. 121

Figura 109: Potes de mel de abelhas da espécie Jataí (*Tetragonisca angustula*) recém produzidos, durante o ano, iniciando o processo de maturação.................... 123

Figura 110: Potes de mel de abelhas da espécie Jataí (*Tetragonisca angustula*) produzidos há mais de um ano........ 124

Figura 111: Potes de mel de abelhas da espécie Jataí (*Tetragonisca angustula*) produzidos há mais de dois anos. 125

Figura 112: Potes de mel de abelhas da espécie Mirim-Guaçu (*Plebeia remota*)................. 126

Figura 113: Potes de mel de abelhas da espécie Mirim nigriceps (*Plebeia nigriceps*)................... 127

Figura 114: Caixas racionais instaladas em local arejado e sombreado.................... 132

Figura 115: Larvas de forídeos consumindo todo o alimento estocado pelas abelhas na caixa racional atacada.................. 133

Figura 116: Larvas de forídeos se alimentando do mel na caixa racional atacada.................... 134

Figura 117: Colmeia atacada por formigas.................... 135

Figura 118: Caixa racional de abelhas Jataí (*Tetragonisca angustula*) sendo atacada pelas abelhas da espécie Iratim (*Lestrimelitta limao*)..................... 136

Figura 119: Abelhas Jataí (*Tetragonisca angustula*), no chão, brigando até a morte com as abelhas da espécie Iratim (*Lestrimelitta limao*)..................... 137

Figura 120: Colmeia de abelhas Mirim Droryana (*Plebeia droryana*) atacada pelas abelhas da espécie Iratim (*Lestrimelitta limao*). 138
Figura 121: Entrada do ninho de abelhas da espécie Iratim (*Lestrimelitta limao*). 139
Figura 122: Revisão das caixas racionais pelo autor a fim de verificar a quantidade de alimento disponível. 140
Figura 123: Fornecimento de alimentação artificial em colmeia "fraca". 141